La Dame de sel

Véronique Isenmann

En collaboration avec le collectif ECPB,
Entre Contes, Psychanalyse et Bible

# La Dame de sel
## Lectures plurielles des textes bibliques

NOVALIS

**La Dame de sel. Lectures plurielles des textes bibliques** est publié par Novalis.

Couverture : Pascale Turmel
Photo couverture : © Réunion des Musées Nationaux / Art Resource, NY
Mise en pages : Christiane Lemire

© Novalis, Université Saint-Paul, Ottawa, Canada, 2006.

Dépôt légal : 1er trimestre 2006
Bibliothèque nationale du Canada
Bibliothèque nationale du Québec

Novalis, 4475, rue Frontenac, Montréal (Québec), H2H 2S2
C.P. 990, succursale Delorimier, Montréal (Québec), H2H 2T1

ISBN 10 : 2-89507-752-5
ISBN 13 : 978-2-89507-752-7

Nous reconnaissons l'aide financière du gouvernement du Canada par l'entremise du Programme d'aide au développement de l'industrie de l'édition (Padié) pour nos activités d'édition.

Les références bibliques des pages 45-46, 123 et 191-194 sont tirées de la *Traduction œcuménique de la Bible* (TOB). © Société biblique française et Éditions du Cerf, Paris, 1988. Avec l'autorisation de la Société biblique canadienne.

Imprimé au Canada

**Catalogage avant publication de Bibliothèque et Archives Canada**

Isenmann, Véronique

    La Dame de sel : lectures plurielles des textes bibliques

    Comprend des réf. bibliogr.

    ISBN 10 : 2-89507-752-5
    ISBN 13 : 978-2-89507-752-7

    1. Récits bibliques. 2. Contes - Thèmes, motifs. 3. Archétype (Psychologie). 4. Bible - Actualisation. I. Titre.

BS546.I83 2006       220.9'505  C2005-942386-2

NOVALIS

# Préface

**Il était une fois…**

… un courriel affiché sur un babillard dans un couloir d'université, annonçant l'existence d'un collectif polychrome mêlant les couleurs du conte à celles de la psychanalyse jungienne et, plus audacieux encore, à celles du texte biblique : ECPB — Entre Contes, Psychanalyse et Bible. En tant que responsable d'éducation religieuse, je ne peux qu'être attiré sinon fasciné par cet amalgame. L'amalgame se fait arc-en-ciel lors d'une première fin de semaine de formation à Fribourg (Suisse). J'y rencontre trois femmes, une conteuse et une psychanalyste jungienne animées par une théologienne, trois femmes d'audace, tisseuses de liens ou, pour rester dans la métaphore, bâtisseuses de ponts de couleurs (*pontifex*).

Un de ces ponts nous est donné par un dimanche gris quand nous nous mettons en travail autour de la vision très « allumée » d'Ézéchiel nous décrivant le réveil des os desséchés dans une vallée d'abord peuplée d'ombre et de mort. Nous analysons consciencieusement le texte inspiré, son origine, son genre littéraire, son contexte, puis quelques-uns des grands symboles qui l'innervent : vallée, ossements, souffle, vent… Et puis, brusquement, nous quittons la vallée mésopotamienne pour le Grand Nord canadien où la conteuse nous fait rencontrer un pêcheur inuit et son étrange prise : la femme squelette. Une larme de compassion coulant sur le visage du pêcheur a le même effet que les quatre vents balayant la vallée d'Ézéchiel, puisque cette larme tombant sur la femme squelette fait en sorte que cette dernière reprenne doucement vie.

## De « Il était une fois…» à « Il était une foi… »

Et nous voilà tous et toutes touchés et émus. Du conte inuit à la vision d'Ézéchiel, un arc-en-ciel se lève dans le ciel gris de Fribourg, un pont de couleurs qui nous parle de passage de la mort à la vie, de métamorphose, d'espérance… un pont qui nous amène à l'aube lumineuse d'un matin de Pâques où résonne doucement une parole de mise en route et de vie : « Il vous précède en Galilée »… Un pont qui nous fait passer de « Il était une fois… » à « Il était une foi… »

On ne peut garder pour soi la beauté d'un arc-en-ciel ou d'un pont de couleurs. On ne peut que le partager. Et c'est ainsi que notre collectif se retrouve à l'Université Saint-Paul pour animer et « donner » la session d'été 2005 en éducation religieuse. Le thème *Catéchèse et imaginaire* rassemble une quarantaine de participants et participantes. En écho fidèle à la session de Fribourg, nous vivons l'approche multiforme et colorée que vous trouverez aussi dans *La Dame de sel*. Cette approche rend le recueil difficile à classer : livre d'exégèse? de spiritualité? de narrativité?…

## De « Il était une foi… » à « Il est une foi… »

Pour moi, *La Dame de sel* est de nature catéchétique. Le mot catéchèse vient du grec *Katekein* qui veut dire « faire résonner à l'oreille d'un auditeur ». Mais il y a aussi le terme

*Katecheio*, au sens de « se faire comprendre ». Cette double acception, « faire résonner » et « raisonner », convient très bien à cet ouvrage.

Il fait d'abord résonner la Parole en nous touchant au plus profond de nos expériences souvent paradoxales d'homme ou de femme d'aujourd'hui. Prenons en exemple la reformulation sous forme de conte biblique du récit intitulé « La destruction de Sodome » (*Genèse* 18, 20 à 19, 26). Cette reformulation est située au chapitre IV intitulé, et ce n'est pas un hasard, « Résonances ». Nous est d'abord proposé le texte biblique, dans la traduction de la *Bible de Jérusalem*. Puis vient le conte, qui se centre sur la femme de Lot, cette femme à qui n'est dédié qu'un seul verset : « Or la femme de Lot regarda en arrière, et elle devint une colonne de sel » (*Genèse* 19, 26), une femme sans prénom et sans nom. Au cœur de cette reformulation, nous sommes touchés par le drame de cette femme qui doit « sacrifier » ses deux filles cadettes et laisser derrière elle ses deux aînées. C'est aussi le drame d'une femme ayant connu la condition nomade et qui, s'étant sédentarisée, doit maintenant tout quitter pour suivre un mari peu engageant. Et ici apparaît en creux une expérience humaine capitale, celle du choix fondateur entre le passé et l'avenir, entre l'après et l'avant, entre suivre et ne pas suivre. Le collectif s'est laissé toucher par cette formidable tension et a « osé » requestionner l'habituelle interprétation de la colonne de sel comme symbole de paralysie et de stérilité pour en faire un symbole de vie nous accompagnant dans nos propres choix, bref une reformulation qui fait résonner la Parole de vie et produit du sens.

*Elle est là, au bord de la piste, symbole de vie.*
*Elle est là, alors que tout est dévasté.*
*Elle ne peut plus avancer, mais elle est debout,*
*à donner du goût et de la saveur*
*à toutes celles qui s'approchent d'elle. Elle les nourrit du sel de la vie.*

Quant à la seconde acception du terme catéchèse, « faire comprendre », vous trouverez dans ce recueil un certain nombre d'outils et de données en provenance du savoir savant en lien avec des sources exégétiques ou des recherches sur la parole conteuse… Mais permettez-moi un conseil : commencez d'abord par lire au hasard quelques récits. Ils sont en caractères gras. Dans un second temps, vous jetterez un regard périphérique sur les paragraphes qui les accompagnent. Puis enfin, sans doute entreprendrez-vous une lecture systématique du livre.

Je laisse la conclusion à Véronique Isenmann. Elle y décrit très bien l'apport principal de *La Dame de sel*.

*Le texte biblique tel qu'il nous est donné aujourd'hui, et indépendam-*
*ment de toute recherche sur les sources, les contextes, dans la traduction*
*qui nous est familière, a une richesse et une portée qui lui sont propres.*
*Il est le fruit de l'enfantement de nombreuses générations, qui l'ont guidé*
*jusqu'à nous dans sa forme et sa version actuelle. Il est le témoin et l'héritier*
*du travail et du choix de communautés qui ont veillé à sa transmission.*
*Participer de cette transmission implique un travail de mise en relation, à la*
*recherche de points de repère dans le monde qui est le nôtre et, en particulier,*
*parmi les autres témoins qui procèdent du même enfantement.*

*Jean-Marie Debunne, Professeur*
*Faculté de théologie*
*Université Saint-Paul*

# Il était une fois

Voilà qu'un jour j'ouvre pour des vérifications de détails, un manuel scolaire français d'histoire. Au début de ce manuel très sérieux trône une frise historique qui présente de manière synoptique des événements que je croyais avérés de l'histoire de l'humanité, comme les guerres puniques, et des événements tirés des récits bibliques. Des hypothèses avaient été émises sur ces derniers, mais elles ne permettaient aucune certitude. Et j'ai vu une succession inattendue reliant dans le même élan l'Ancien et le Nouvel Empire d'Égypte, le départ d'Abram du pays d'Ur, la sortie des Hébreux d'Égypte, la fondation de Rome par Romulus et Rémus, quelques siècles avant la naissance de Jésus Christ et bien avant la Révolution française. Me voilà bouche bée : une telle reconnaissance des récits de l'Histoire Sainte dans le cadre d'un cours d'histoire laïque ? Il y a là certes de quoi satisfaire la théologienne engagée que je suis, mais alors, quelle crédibilité accorder à un manuel scolaire, sensé emmener nos chères têtes blondes sur les voies du Savoir et de la Science ? Sur quels fondements repose le choix des pédagogues qui ont introduit ces cases dans le déroulement de l'Histoire?

Rompue aux arcanes de l'approche historico-critique, j'ai été de ces chercheuses consciencieuses et appliquées à prouver que les femmes pouvaient être aussi rigoureuses que les hommes dans le travail scientifique. J'ai passé des heures à disséquer un verset pour y repérer les strates laissées par les différents auteurs et rédacteurs et y traquer *la* source, *le* tesson originel. Forgée au doute et au scepticisme, comment pouvais-je accepter qu'un manuel d'histoire du début du troisième millénaire se sente autorisé, sans crier gare, à mettre sur un pied d'égalité des événements de nature si différente et à les intégrer pareillement dans l'histoire du devenir humain, comme une chose allant de soi?

Et pourtant! Il est certain que les histoires bibliques qui ont trouvé leur place dans la frise ont contribué à écrire l'histoire de bien des femmes et des hommes. Que ces histoires, malgré toute leur opacité historique, ont pu transformer radicalement leur vie. L'exode, la résurrection, la Pâque et Pâques, histoires difficiles à démontrer, ont eu des répercussions irréversibles dans l'histoire de l'humanité.

Ce changement de regard n'annihile pas les questions pour autant : quand les histoires font-elles l'Histoire, quand marquent-elles le cours du temps de leur empreinte? En quoi les histoires de la Bible doivent-elles être appuyées par des événements identifiables? Quels sont les risques d'ouverture ou au contraire de fanatisme, si les histoires de spiritualité ne sont « que » des histoires de spiritualité et non des faits avérés? Ou, à l'inverse, en quoi les preuves historiques en-richissent-elles la lecture du texte?

À quelles quêtes de sens répondent les concepteurs d'un manuel d'histoire lorsqu'ils semblent, par le graphisme et la mise en page, accorder sans commentaires le statut d'événements historiques à ce qui pourrait bien n'être que des mythes?

J'en suis là de mes réflexions quand éclate dans la presse une controverse à propos d'un ossuaire qui pourrait être celui de Jacques, frère de Jésus. De nombreux articles paraissent tant sur la toile que dans la presse papier, tel l'article d'Henri Tincq, paru dans *Le Monde* du 24 octobre 2002. L'objet du débat : aurait-on enfin une preuve indéfectible de l'existence de Jésus? L'espoir que la vérité puisse enfin être démontrée est grand parmi celles et ceux qui en parlent. À quelle quête de sens répond cette soif d'absolue vérité dans un post-modernisme privé de certitudes?

Parallèlement, en y regardant de plus près, diverses publications de ce début de XXIᵉ siècle mélangent allègrement les niveaux de langage, alliant habilement un vocabulaire réputé objectif et scientifique (preuves, sources, vérifications, données, objectivité, etc.) et l'expression des sentiments les plus divers (Untel a travaillé de manière posée, Untel est depuis des années un spécialiste de la question et il est forcé de réagir, etc.). Il n'est pas rare non plus qu'on nous fasse respirer un petit air d'ésotérisme. Les commentaires font vibrer à la fois les cordes du savoir et celles des sentiments : « pour la première fois », « répondre avec un haut degré de certitude », « on ne sort pas désenchanté de la lecture », « plus rien n'est comme avant »…. *La Bible dévoilée* de Finkelstein et Silberman est acheté en parallèle avec d'autres ouvrages, tels *L'autre Messie, l'extraordinaire révélation des manuscrits de la mer*

*Morte*, *Le seigneur des anneaux* et *Harry Potter*! À quelles quêtes de sens les auteurs de ces publications répondent-ils? Quelles soifs veulent-ils étancher en proposant de nouvelles sources? Quelles espérances leurs lecteurs veulent-ils combler?

Ainsi, dès le début de mon projet, je me trouve à la croisée de chemins inattendus, marqués du sceau de relations complexes entre sciences et spiritualité, entre logique et sentiments, entre quête et preuves, entre individus et collectivité, entre Bible et Histoire, entre mythes et Histoire, entre Bible et mythes, entre quête et Bible.

Me voilà rendue à la source de ma démarche, les rencontres Entre Contes, Psychanalyse et Bible[1], résurgence conjointe d'un inconscient qui s'exprime à travers la Bible, la psychanalyse et les contes. Résurgence qui nous livre des histoires à partager entre nous, avec vous. Résurgence qui marque notre propre histoire, qui nous permet de poser ensemble la question qui semble habiter toutes les quêtes que j'ai rencontrées : celle de la vérité et, à travers elle, celle de l'identité, de notre identité.

Les contes, porteurs et témoins des constructions identitaires individuelles et collectives, offrent des clés de

---

[1]    Le collectif Entre Contes, Psychanalyse et Bible est formé de *Anne Vuistiner*, mathématicienne, qui, après bien des pérégrinations sur les chemins de Saint-Jacques et sur les voies intérieures, est devenue psychanalyste jungienne; de *Marie-Jeanne Bucher-Isenmann*, une mère attentive à son foyer formée dans son jeune âge aux potions pharmaceutiques, qui décida un jour de s'employer à guérir les maux du quotidien en racontant au coin du feu les histoires héritées de sa grand-mère; et de *Véronique Isenmann*, formatrice en informatique et en théologie, les pieds sur terre et la tête dans les étoiles. Ensemble, elles parcourent les continents en quête de sens, de liens et de partage dans les histoires fondatrices devenues textes fondateurs.

lecture et des médiations de première importance pour le texte biblique. Par exemple, la proximité thématique du conte inuit de *La femme squelette*, qui reprend vie avec le texte des ossements desséchés en *Ézéchiel* 37, produit une mise en résonance qui ouvre le texte biblique à des auditeurs peu familiers avec les dires prophétiques ou à ceux qui pensent trouver là un texte lié uniquement à l'histoire d'Israël. La classification des contes quant à elle offre de nouvelles perspectives de lecture de certains motifs bibliques, tels le féminin sacrifié (voir p. 112). Il existe aussi des contes nés de la Bible, qui ouvrent le texte à sa dimension universelle. Le conte, dans son rapport à la Bible, est à la fois voie de médiation et voie de transmission.

Quant au lien entre psychanalyse et Écriture, il est donné dès son origine, en la personne même de son père fondateur, Sigmund Freud. Cet enfant du judaïsme, né dans un monde de relation au divin tendue entre écrit et oral, entre fidélité et interprétations, conjugue toutes les ruptures possibles entre athéisme et religion, entre héritage et transgressions. À travers les rêves et l'hypnose, il ouvre le champ de l'inconscient. Carl Gustav Jung, qui élargit l'horizon de cet inconscient individuel au collectif, qui l'enrichit de toutes ses recherches sur les symboles et les mythes, est lui, fils de pasteur, d'une confession chrétienne, le protestantisme, qui est née de la volonté de se recentrer sur la parole de Dieu qui se donne dans les Écritures, traduites, imprimées et transmises à chacune et chacun.

La question qui s'est alors imposée à moi n'est pas « la Bible dit-elle vrai » ou « la Bible est-elle vraie », mais « est-ce que ça change quelque chose à notre regard sur le texte biblique que les événements racontés par la Bible soient vrais, certains, avérés ou non? » Pourquoi et en quoi le fait qu'il n'y ait pas de preuves modifierait-il le statut du texte biblique, sa lecture, sa réception?

Du désir initial d'y voir plus clair dans les dédales historiques est née cette mise en travail, lecture plurielle pour un texte singulier.

*Véronique Isenmann*
*Avent 2004*

# Avent

Si je me suis mise au clavier en ces jours d'Avent, ce n'est donc pas pour écrire un nouveau résumé historico-théologico-pédagogique sur la Bible. Il existe de nombreux, bons, beaux ouvrages d'introduction à la théologie, à l'histoire, à l'enseignement. Ce dont je veux rendre compte ici est d'un autre ordre. En préparant une compilation de faits, je suis entrée dans un espace multidimensionnel. À travers le temps et l'espace, à travers l'histoire et l'écriture, j'ai appris à savourer un texte qui est passé de la bouche et des oreilles aux mains d'hommes et de femmes pour nourrir notre aujourd'hui. J'ai appris que les textes qui ne me conviennent pas, les histoires que je trouve indigestes, font partie de cet héritage, et qu'il me reste à apprivoiser les goûts et dégoûts qu'ils éveillent en moi. J'ai appris que je pouvais entrer en tension avec eux.

L'Écriture est tendue entre terre et ciel depuis la nuit des temps, par les mains et les mots des humains. Tenture légère, lourde toile, bannière, abri, voile, l'Écriture se tisse encore et toujours de la Parole. De l'étude pour l'étude, j'ai découvert des écrits qui relient dans une parole incarnée.

## Mise en lien avec des personnes

Des femmes et des hommes de terroir et de bon sens. Des femmes et des hommes pour qui oser poser des questions de foi c'est déjà briser un tabou, mais qui n'avalent pas n'importe quoi. Des personnes pour qui l'enseignement traditionnel du religieux ne rejoint pas leur expérience de vie. À partir des questions du quotidien, à partir des événements de tous les jours, nous avons ensemble goûté aux histoires de la Bible, histoires racontées par le texte, histoires et crises des mises par écrit, des transmissions. À travers leurs interrogations, leur ténacité, leur exigence d'intégrité, le texte a nourri notre propre réalité.

## Mise en lien avec des groupes

Qu'il s'agisse de lectures communes, de découverte de l'hébreu biblique, de regards féminins, de l'exigence pédagogique de responsables de la catéchèse, la manducation communautaire, sans tabous et dans le respect mutuel, est la garante de cette fructification communautaire qui a participé de l'Écriture.

## Mise en lien avec la vie

Cette vie qui se dit à travers les histoires de vie. Les histoires sont nombreuses dans la Bible qui apportent des éclairages à notre quotidien : problèmes conjugaux, rivalités et jalousies, bagarres autour des héritages, viols, maladies, relations au travail, au repos, questions d'écologie. Cette vie qui se dit à travers des silences. Il est des relations humaines qui ne sont pas abordées par le texte biblique, des questions non posées, en particulier les relations entre mères et filles. Ce silence aussi nous interpelle.

Cette vie qui passe par le côte à côte fécondant du masculin et du féminin[2]. La fécondation et la gestation d'un monde bon à vivre sont contenues en promesse dans un côte à côte riche et nourrissant, où le masculin et le féminin ne sont ni opposés ni confondus. Pas l'homme et la femme en tant que genres, mais le masculin et le féminin comme les deux pôles constitutifs de l'humain et tels qu'ils sont dits à travers la psychanalyse jungienne. Le principe masculin en tant que principe actif, agissant. Tourné vers l'extérieur, l'extraversion, principe d'objectivité, de rationnel, il sait trancher pour ouvrir à de nouveaux possibles. Il est le Logos, parole agissante. Le principe féminin, principe passif qui marque l'intériorité, l'introversion, la subjectivité, l'émotionnel, la tendresse. Il sait relier pour transformer les possibles. Il est Éros, parole accueillante. Le féminin dans la Bible, parce que je suis une femme, parce que le féminin donne la vie mais qu'il lui reste difficile d'accéder à la parole, m'interpelle particulièrement. Mais les figures masculines et les liens entre féminin et masculin me parlent et m'interrogent aussi, parce que je suis faite de masculin et de féminin. Cette vie présente à toutes les pages de la Bible. Ces histoires de vie qui m'invitent à revisiter les questions actuelles des liens masculin-féminin.

Comme dans les contes, quand il y a de l'excès, du « tout manger », les récits bibliques racontent que « ça ne fait pas de bien »! Quand les mères sont toutes-puissantes, comme Ève ou Rébecca, quand les pères sont muets, quand ils ne

---

[2]    Voir ma contribution « Le côte à côte de la guérison », dans « La guérison intérieure », *Sciences pastorales*, vol. 24, n° 1, printemps 2005, Université Saint-Paul, Ottawa.

prennent pas leur place, comme Adam, quand ils sont aveugles sur les problèmes de leur famille comme Isaac, quand les mères ne sont pas nommées, qu'elles n'existent pas, que les pères prennent toute la place, comme Jephté, alors les enfants, de chair comme d'esprit, sont en danger de mort. Cette vie enfantée dès les premières pages de la *Genèse*. En Genèse 4, à la sortie de l'Éden qui ouvre à l'accouchement au monde et à l'Histoire, Ève donne la vie. Ève a reçu d'Adam son nom, qui signifie Mère du Vivant, après que Dieu leur ait énoncé les conséquences de leur désobéissance. Ce nom, cette reconnaissance par le masculin, rappelle avec puissance que la conséquence de la désobéissance pour la femme n'est pas d'abord qu'elle souffrira en donnant la vie, mais d'abord qu'elle va donner la vie. Comment cette nouvelle prodigieuse a-t-elle pu échapper à nos consciences? Et lorsque Caïn naît, c'est Ève qui ramène Dieu, resté au Paradis, au milieu de l'humanité, avec ce cri fabuleux : « J'ai fait un homme avec mon dieu. » Mais dans ce cri, il y a du « trop », du « tout manger ». Non seulement c'est elle qui va donner son nom à l'enfant homme, mais elle en dénie la paternité à Adam. Comment Caïn peut-il faire face après ce cri de toute-puissance de sa mère et le silence ou l'absence de son père? Et comment Abel serait-il autre chose qu'une buée insignifiante? Cette vie qui a besoin de temps pour permettre la rencontre avec l'autre et avec le Tout Autre. Dans la Bible, il faut attendre la troisième génération pour que la rencontre se fasse. Le premier enfant qui permettra le lien, c'est le petit-fils d'Adam, Enosh, fils de Seth, le petit frère de Caïn et d'Abel. Il recevra la vie de sa mère et le nom de son père. Et c'est quand son père aura crié son nom que le nom du Tout Autre pourra aussi être crié.

Ainsi, dès les premiers chapitres de la *Genèse*, sont posées des questions fondamentales pour toute société : équilibre entre le masculin et le féminin, rapport au temps et à l'histoire, question du nom et de l'héritage, liens entre les peuples, relation entre l'humain et le divin.

Le texte biblique éclaire et nourrit la vie, mais il ne donne pas de recette toute prête. Il appelle à naître et à grandir à l'autre et au Tout Autre. Et, face à la tentation du tout savoir, tout connaître, tout dire, tout comprendre, il veut être fécondé et partagé dans une création sans cesse renouvelée.

# Chapitre 1

# Dans le commencement

## Quand Dieu a commencé la création

Le premier mot de la *Genèse*, « *Bereshit* », ouvre à toute l'Écriture. « Au commencement... », mot qui résonne d'une multitude de possibilités : commencement, principe créateur, en-tête... Ouverture sur un récit d'aventures? Un conte? Un roman historique?

Best-seller mondial de la littérature, la Bible est traduite en de nombreuses langues, rééditée à l'infini pour les lecteurs les plus variés. Quel est le secret de son succès? La Bible a traversé le temps et l'espace pour venir jusqu'à nous. J'ai envie de refaire avec vous quelques-unes de ses pérégrinations et de tourner avec vous quelques-unes des pages qui la composent. Pour ce voyage, je vous propose le rythme des jours de la création. Six jours infinis pour extraire la lumière des ténèbres, pour créer et séparer, produire le vivant et rencontrer l'humain en devenir. Le septième jour, jour béni de Dieu, est un jour autre, une autre histoire, à vivre dans l'intimité de la relation avec le Créateur.

## Une toile humaine

« Bible » vient du grec *ta biblia*, les livres. La Bible est composée de livres, rassemblés selon une règle, le canon. Le canon était en Grèce un morceau de roseau qui servait à mesurer. C'est le terme que nous utilisons pour désigner les critères normatifs : les canons de la beauté, le canon grec en dessin pour les proportions du corps, le canon biblique, etc.

Ainsi, d'emblée, la Bible n'est pas seulement un recueil de textes d'auteurs; elle se donne à nous comme une collection de textes soigneusement choisis en fonction d'une règle donnée.

Cette affirmation qui peut sembler banale a pourtant plusieurs implications. En un travail long et patient, comme dans le tissage, les textes bibliques vont être assemblés :

> D'abord, on prépare la chaîne, on la monte. Fils tendus sur le métier, porteur de nos rêves. Entre ces lignes, on tissera la trame, duite après duite, fil après fil dans la foule, instant unique, toujours différent, point de rencontre où s'inscrit le présent. Sous les doigts naît le tissu. L'espace s'organise, jouant sur les oppositions essentielles : 0/1, pris/laissé, plein/vide, positif/négatif. (*Le tissage : parole infinie*[3])

## Une chaîne humaine

Pour arriver à nous, les textes ont passé par l'humain : la parole et les mains de femmes et d'hommes. Il n'y a aucun texte de la main même de Dieu. Les textes ont été écrits par des personnes ou des groupes de personnes en chair

---

[3]    Cette citation a été trouvée sur le web, malheureusement sans indication précise de sa source. Il pourrait s'agir d'un extrait d'une œuvre du créateur et métaphysicien Jacques ANQUETIL, *Mémoires d'un tisserand*, NIL Eds, 1997.

et en os qui ont voulu rendre témoignage de parcours de vie fondateurs. Ces auteurs d'ailleurs sont loin de nous être tous connus. Certains se perdent dans la nuit des temps et nous n'en savons que fort peu de choses. Il n'y a de même aucun texte de la main de Jésus. Les textes nous parlent, au travers des situations retenues, des images utilisées, du parcours de vie et de foi d'auteurs inscrits dans leur temps. Ils racontent les évènements avec leurs mots, leur perception, leur angle de vue, leurs objectifs. Ils dévident l'écheveau de leur vie sous nos yeux pour en faire une longue chaîne de témoignages[4].

Ces témoignages ont été souvent d'abord parole, tradition orale, avant d'être fixés par écrit. La transmission orale est issue d'une part de la transmission informelle libre dans le cadre familial ou tribal, qui permet de colorer les récits par une teinte propre à chaque génération, et d'autre part de la tradition liturgique. La liturgie, parce qu'elle est répétitive et codifiée, est garante d'un cadre de transmission.

Au fil des siècles, l'écrit est venu s'ajouter aux transmissions orales et a permis de faire mémoire des témoignages à la fois à travers le temps et à travers l'espace. L'une des fonctions de l'écrit est aussi de tisser des liens, non seulement par-dessus les générations, mais aussi par-dessus les langues et les cultures.

---

[4]    Nous ne savons pas s'il a existé des auteures. Dans tous les cas, elles auront été en minorité, sinon l'histoire l'aurait retenu! L'évangile apocryphe de Marie semble au moins inspiré par l'une des témoins de la résurrection, sinon rédigé par elle. Voir Jean-Yves LELOUP, *L'Évangile de Marie, Myriam de Magdala*, Paris, Albin Michel, coll. Spiritualités vivantes, 2000.

## L'ourdissage

Les textes racontés et rédigés subjectivement par leurs transmetteurs et leurs auteurs ont ensuite fait l'objet d'un choix. Choisir, cela signifie d'abord se donner une règle et ensuite, en fonction de cette règle, trier, retenir, rejeter. Ainsi, certains textes reconnus aujourd'hui comme importants dans la vie de l'Église primitive, tels l'évangile selon Marie ou l'évangile selon Thomas, n'ont pas correspondu à la règle retenue dans les premiers siècles et ont été écartés de la transmission.

Cela signifie aussi que la règle n'est pas universelle et absolue. Le canon est fonction de l'espace historique et culturel dans lequel il a été forgé.

Pour être utilisables, les brins de la chaîne doivent être ourdis, roulés sur le tambour avant d'être tendus sur le métier. À l'ourdissage, les milliers de fils teints aux couleurs de la vie doivent être triés, choisis, ordonnés en fonction du tissage voulu, dans un long travail de patience et de création. Les brins échevelés sont écartés, les fils coupés sont noués. Ensuite seulement, la chaîne est tendue sur le métier, elle trouve sa place, sa forme, elle est cadrée par la taille du métier, le projet de tissu.

Durant toute son activité, l'ourdisseur a conscience de faire partie d'une équipe dans un processus de production qu'il connaît. Il veille à tout moment à sa sécurité et à celle de ses compagnons.

De même, le canon n'est pas le produit arbitraire d'un individu, mais une étape dans un processus d'élaboration au sein d'une équipe, d'une communauté.

## Un tissage collectif

Ainsi va surgir le texte canonique, tissé par la chaîne des auteurs et tramé par les mains des communautés pour qui ces textes étaient familiers. À la fois expression de foi et symbole identitaire, il est aussi la marque de la différence et l'expression de la volonté pour une communauté d'inscrire sa foi dans la durée, d'assurer sa survie.

Toile à parcourir en tous sens, le texte biblique nous convie à un voyage passionnant.

# Chapitre 2

# Canons, créations et engendrements

## Des voix pour un canon

Le processus d'élaboration d'un canon présuppose l'existence d'un réseau de liens intertextuels et l'existence d'une communauté de croyances. Il présuppose l'existence d'une mémoire, d'un mode d'écriture spécifique, une forme de bibliothèque. Il implique l'existence de « lieux » énonciateurs : fondateurs, enseignants ou agents de transmission, représentants reconnus, et l'existence d'adeptes. Le processus d'élaboration d'un canon accompagne la formation d'un discours institutionnel spécifique, la codification des contenus, leur légitimation, leur légalisation.

Le canon en dit bien plus qu'il n'en écrit. Il est bien plus que la liste des livres qu'il énumère. Il est aussi l'ordre de la liste, la fixation des textes de la liste. Le canon est bien plus que les textes qu'il contient. Il est aussi, du fait même de sa fonction de régulation, fondement clos d'un ensemble de pratiques qui n'est pas clos. Il est à la fois le garant et le gardien de la mémoire d'une collectivité et de la dynamique d'un groupe.

Le processus d'élaboration d'un canon implique une validation interne à une communauté. Il est l'un des modes d'expression fort de la démarche identitaire. Le canon dit quelque chose de la capacité au pluralisme, du seuil de tolérance, d'acceptation de l'autre. Il décrit par son degré de complexité et de non-uniformité une capacité de différenciation interne à une communauté pour éviter les schismes. Il décrit une capacité de différenciation par rapport à d'autres démarches identitaires concurrentes ou concomitantes. Le processus d'élaboration du canon puis le canon lui-même s'inscrivent dans la durée et contribuent à la pérennisation.

Les destinataires d'un canon sont reliés symboliquement par une source de « re-connaissance », d'identification, par un principe d'identité et par une pratique commune et normative.

Le canon biblique, ce que nous désignons sous le terme de « Bible », comprend une seule partie pour les juifs et deux pour les chrétiens. Et ce canon à son tour n'est pas le même pour les chrétiens de confession catholique, orthodoxe ou protestante.

Si l'écriture peut être individuelle, la production d'un « canon », d'une règle, est collective et communautaire. Le canon est le résultat du choix d'une communauté et contient les versions et leçons qu'elle a retenues. Face à la profusion de textes, face au « trop », le cadre canonique surgit aussi à un moment de crise, où la communauté doit se dire par rapport au monde ambiant, le christianisme par rapport au judaïsme, les monothéismes par rapport aux polythéismes[5].

Ainsi sont nés les canons bibliques. Ces textes dits, chantés en liturgie et retenus par les communautés sont devenus canons, règles à voix plurielles, porteuses et fondamentales, lorsque d'Écriture elles redeviennent Parole.

## La Bible hébraïque

La Bible hébraïque, c'est d'abord une histoire d'amour entre un peuple et son Dieu. C'est aussi toute l'histoire d'une relation au Tout Autre qui s'inscrit dans l'histoire à travers des lettres. Et un Dieu au nom indicible qui ne peut se dire que dans le déploiement de l'insaisissable infinitude de l'Un pluriel[6].

Lettres qui portent la vie, l'écriture hébraïque est enfantement de l'histoire. Chaque lettre est née de la représentation d'une réalité. Ainsi le graphisme répond à un sens originel et se déploie en une infinité de sens. De plus,

---

[5]  « Un normatif quel qu'il soit, associé à une méthode de connaissance et se heurtant éventuellement aux productions de celle-ci, peut l'ouvrir et lui permettre d'évoluer dans des désorganisations cognitives suivies de réorganisations incessante », Henri ATLAN, « À tort et à raison », dans Marc-Alain OUAKNIN, *Lire aux éclats. Éloge de la caresse*, Paris, Seuil, 1994, p. 20.

[6]  Le nom de Dieu, YHWH, est tellement d'un autre ordre, qu'il est écrit mais ne peut être prononcé. Quand il est rencontré dans l'Écriture, à sa place on dit l'un des qualificatifs de Dieu, *Adonaï*, Seigneur, ou bien l'expression *Ha Shem*, qui signifie « Le Nom », nom par excellence pour l'Unique. Un autre nom fréquent pour désigner Dieu est *Elohim*, mot qui porte la marque du pluriel, dieu qui se dit multiple, dès le commencement. Ainsi Dieu ne se laisse pas enfermer dans un nom unique, et les signes qui le rendent visibles à l'écrit sont transformés par la parole dite dans la rencontre.

chaque signe a une valeur numérique qui lui donne encore un poids différent[7]. La succession des vingt-deux signes de l'aleph-beth[8] est elle-même histoire.

---

Au commencement, la force de vie

|  |  |  |  |
|---|---|---|---|
|  | א (Aleph) | 1 | Taureau |

Est abritée dans la maison

|  |  |  |  |
|---|---|---|---|
|  | ב (Beth) | 2 | Maison |

Mais elle doit être portée au dehors à dos de chameau

|  |  |  |  |
|---|---|---|---|
|  | ג (Gimel) | 3 | Chameau |

En passant par la porte et en quittant le sein maternel

|  |  |  |  |
|---|---|---|---|
|  | ד (Dalet) | 4 | Porte |

Mais aller au-dehors n'est pas sans danger. Contre la peur reste le lien avec le Tout Autre dans le souffle et la prière

|  |  |  |  |
|---|---|---|---|
|  | ה (Hé) | 5 | Souffle |

Et tenir ensemble tous les aspects de la vie

|  |  |  |  |
|---|---|---|---|
|  | ו (Vav) | 6 | Crochet |

| Dans le face à face, l'un contre l'autre | ז (Zaïn) | 7 | Arme |
|---|---|---|---|
| Sans enfermement | ח (Heth) | 8 | Barrière |

---

[7]    Pour des informations détaillées sur l'aleph-beth et le sens des lettres, voir Marc-Alain OUAKNIN, *Les mystères de l'Alphabet*, Paris, Éditions Assouline, 1997. L'histoire qui relie les lettres entre elles est une création originale née du travail réalisé avec le groupe d'initiation à l'hébreu biblique au Centre Sainte-Ursule, Fribourg, Suisse. Certaines lettres ont deux graphismes, parce qu'elles sont représentées différemment quand elles sont finales. Dans ce cas, comme l'hébreu s'écrit et se lit de droite à gauche, nous présentons de droite à gauche d'abord le graphisme ordinaire puis le graphisme de fin de mot.

[8]    Le terme « alphabet » pour désigner nos lettres repose sur l'*alpha bêta* grec. En français, on a aussi parlé d'abécédaire, a b c daire. En hébreu, les deux premières sont *aleph* et *beth*, d'où l'aleph-beth. L'aleph-beth ne comporte que des consonnes, comme pour ne pas tout écrire et laisser la place au dire humain.

| | | | |
|---|---|---|---|
| Et sans se blinder | ט (Teth) | 9 | Bouclier |
| Dans un vrai échange de mains tendues | | | |
| | י (Yod) | 10 | Main |
| et de paumes ouvertes à l'autre | ך כ (Kaph) | 20 | Paume |
| Ce qui demande de passer du laisser-faire au faire | | | |
| | ל (Lamed) | 30 | Aiguillon |
| Dans une alternance de flux et de reflux | | | |
| | ם מ (Mem) | 40 | Eau |
| Entre conscient et inconscient | | | |
| | ן נ (Noun) | 50 | Poisson |
| Ce qui structure et charpente | ס (Samech) | 60 | Appui |
| et permet de voir plus loin | ע (Ayin) | 70 | Œil |
| et d'accéder à la parole | ף פ (Pé) | 80 | Bouche |
| Cela est nourrissant mais peut aussi rendre captif | | | |
| | ץ צ (Tsadé) | 90 | Hameçon |
| Ou être un travail de singe! | ק (Qof) | 100 | Singe |
| Vivre, c'est alors rester en lien avec la force de vie originelle, celle qui est en tête de toute chose et qui renouvelle | | | |
| | ר (Resh) | 200 | Tête |
| Vivre, c'est alors rester en lien avec la force de vie originelle | | | |
| l'ingérer et la transmettre | ש שׂ (Shin), (Sin) | 300 | Arc, Dent |
| Dans une alliance sans cesse renouvelée | | | |
| | ת (Taw) | 400 | |

Au bout de l'histoire de l'aleph-beth on trouve la lettre ר (Resh), tête, commencement, qui figure au cœur du premier mot de la Bible, BE RESH IT, בראשית. Commencement ראשׁ qui a pour centre א (Aleph) la force de vie. Et ce premier mot se termine comme l'aleph-beth, par un ‫ת‬ (Taw), qui renvoie à l'alliance primordiale dans une création sans cesse renouvelée. Dès le premier mot de la Genèse, est déclinée l'alliance sans cesse renouvelée qui se trouve en tête de l'histoire de Dieu avec les humains telle qu'elle est racontée dans toute la Bible.

Par la structure même de la langue, le fait d'avoir deux modes d'être au monde pour les verbes — verbes à l'accompli, qui parlent de ce qui est achevé, et verbes à l'inaccompli, qui parlent de ce qui est en devenir —, le judaïsme a pu faire des histoires de son passé son histoire présente. En hébreu, le passé devient étrangement présent, et le temps qui se déroule est habité par le flux et le reflux entre accompli et inaccompli, entre advenu et avenir.

Appelée aussi *TaNaK*, anagramme mnémotechnique de **Torah**, Nebihim et Ketubim, la Bible hébraïque compte vingt-quatre livres, répartis en trois groupes.

## Torah

La *Torah*, la Loi, est le cœur de la Bible hébraïque, référence de l'identité juive. Chaque livre de la Torah est nommé selon l'un des premiers mots du chapitre.

Les traductions classiques francophones de la Bible s'ouvrent par « Au commencement » et commencent le texte biblique avec la lettre A, première de l'alphabet, qui renvoie dans notre inconscient à l'Alpha et Omega, Dieu comme début et fin de toute chose.

Comme nous l'avons vu plus haut, il n'en va pas de même dans la Bible hébraïque. Elle ne s'ouvre pas par ‫א‬ (Aleph) **a**, force de vie de toute chose, lettre du Tout Autre et de l'infini, lettre imprononçable de l'indicible, mère porteuse de l'histoire en gestation. Le premier mot de la Bible en hébreu est « Bereshit », dont l'initiale est ב (Beth) b, la maison. Elle se présente à nous comme un abri. La Bible hébraïque accueille dès sa première lettre le lecteur dans un foyer, dans l'intimité et la protection divine. Et la Bible est pleine de maisons, dont celle du pain, Bethléhem, nourrissante entre toutes. Maisons à trouver, maisons à quitter, quête du « chez-moi », donnée dès le commencement.

Les autres livres de la Torah sont *Shemot*, Noms (*Exode*); *Vayiqra*, Il crie (*Lévitique*); *Bemidbar*, Au désert (*Nombres*); *Debarim*, Paroles (*Deutéronome*).

En tête du texte biblique, la Torah relate les mythes de création[9], les récits préhistoriques, la structuration sociale et légale d'un groupe d'individus qui devient peuple. Les figures centrales sont les patriarches, d'Abraham à Joseph et Moïse; elles sont présentées pour l'essentiel dans leur relation personnelle avec Dieu. De la naissance de l'Univers à la naissance d'un peuple, la Torah, de séparations en limitations, de pères en repères, conduit de la dépendance à la liberté.

---

[9]    Les chapitres 1 à 11 de la *Genèse*, considérés comme des mythes d'origine, ne contiennent pas moins de cinq généalogies. Cela implique dans notre lecture transdisciplinaire que dès la préhistoire, le devenir de la création est indissociable de l'humanité en devenir. Le temps des mythes ou de la préhistoire dans la *Genèse* n'est pas d'abord le temps des super-héros, des combats entre dieux ou avec les géants, ou le temps des demi-dieux, même s'il y est fait allusion en *Genèse* 6. C'est le temps des généalogies, de la longue marche des enfantements des premiers humains. Cela implique aussi qu'il faut du temps pour que la rencontre entre le divin et l'humain puisse exister. L'alliance personnelle avec Abram, à partir du chapitre 12 de la *Genèse*, ne se fait que parce qu'une longue chaîne humaine, des générations et des générations, est dès les origines en marche avec ce Dieu qui l'a créée.

## Nebihim

*Nebihim*, les Prophètes, entraînent le lecteur sur les traces du peuple adolescent puis adulte dans ses relations avec son dieu et avec les autres peuples, relations spirituelles, sociales, politiques, culturelles. La figure centrale est le peuple en tant qu'entité, dans son devenir. Dans la Bible hébraïque, les auteurs[10] de cette partie sont appelés « prophètes » ou « inspirés », et ouvrent ainsi les événements vécus par un souffle dynamique, de l'individuel au collectif. Les prophètes antérieurs sont *Josué, Juges, Samuel, Rois*. Les prophètes postérieurs sont *Ésaïe, Jérémie, Ézéchiel* ainsi que les Douze Prophètes.

## Ketubim

Les Écrits ou *Ketubim* sont comme des respirations dans l'avancée de l'histoire : pauses poétiques, lyriques, cris d'espoir ou de désespoir, ils constituent un terreau favorable à l'épanouissement de chefs-d'œuvre liturgiques et artistiques : *Psaumes, Job, Proverbes, Ruth, Cantique des Cantiques, Qohélet (Ecclésiaste), Lamentations, Esther, Daniel, Esdras, Néhémie, Chroniques*.

## Le canon de la Septante

En 587 avant l'ère chrétienne, Nabuchodonosor s'empare de Jérusalem, détruit le Temple de Salomon et déporte la population en exil à Babylone. Quand Cyrus II le Perse s'empare de Babylone, cinquante ans plus tard, en 539, il offre aux juifs exilés le retour en Judée. Mais tous ne rentrent pas et des communautés juives vont peu à peu s'installer

---

[10]  Dans ce texte, le terme peut désigner aussi bien des individus que des groupes ou écoles.

un peu partout autour du bassin méditerranéen. Après la conquête de l'Égypte par Alexandre, en 331 avant l'ère chrétienne, l'une d'elles s'établit à Alexandrie, cité mythique qui vivra tant de deuils.

Les communautés de la diaspora, et celle d'Alexandrie en particulier, sont plongées dans un monde bercé par la culture et la langue grecques. C'est la langue des échanges commerciaux, de la philosophie, de la sagesse et des sciences. La Septante (LXX) voit le jour autour de 285 avant l'ère chrétienne, dans un monde transformé par le travail des philosophes et des mathématiciens. Platon (-427 à -347), à la suite de Socrate, a modifié le rapport à soi, aux autres, au visible et à l'invisible par des interrogations qui ont changé les regards en profondeur : « Connais-toi toi-même », le mythe de la caverne, etc. Aristote formule les règles de la logique classique et modifie le rapport à l'infini. Aristarque de Samos pense que la terre tourne sur elle-même et autour du soleil. Euclide jette les bases de notre géométrie, en posant que deux parallèles ne se rencontrent jamais, si ce n'est à l'infini. Il fonde l'école de mathématiques à Alexandrie, encore. Ératosthène de Cyrène, responsable de la bibliothèque d'Alexandrie, calcule la longueur du méridien terrestre avec une précision stupéfiante.

Si l'araméen est sans doute encore la langue vernaculaire des communautés de la diaspora, celles-ci ont peu à peu perdu l'usage de l'hébreu. Mais pas la fidélité au Dieu Un. Pas le besoin de garder vive la mémoire. De plus, les synagogues étaient ouvertes aux païens, qui pouvaient venir écouter les traductions et interprétations du texte. Comment rendre sensible la Parole à ces Grecs craignant-Dieu dont il sera question plus tard au livre des *Actes des Apôtres* et dans les préoccupations de l'apôtre Paul, si ce n'est à travers leur propre langue ? Le besoin de traduire la Torah écrite en hébreu naît donc du besoin de la communauté de s'inscrire dans ce monde extraordinaire qui l'entoure et de se dire dans la langue universelle de l'époque, le grec.

Ainsi naît la Bible des Septante, traduction en grec des textes hébreux. Mais elle n'est pas que transposition, elle est aussi une véritable composition. En un temps où le canon hébreu pour la Bible hébraïque n'est pas formellement arrêté, la Septante est le premier canon biblique. Peut-être a-t-elle été élaborée pour la fabuleuse bibliothèque d'Alexandrie, véritable pépinière de la construction de la pensée et de l'être. En tout cas, elle est la plus ancienne traduction connue des textes hébreux et elle deviendra le texte fondateur des canons chrétiens. Elle constitue le canon actuel du Premier Testament[11] pour l'Église orthodoxe. Sa langue usuelle est le grec de la *koinè*, de la diaspora.

Des légendes entourent sa naissance : l'une dit que septante (soixante-dix) sages auraient travaillé durant septante ans pour créer ce corpus. Une autre dit que septante sages

---

[11]   Je parlerai de Premier Testament pour rendre compte du corpus de textes de la Première Alliance et de Second Testament pour le corpus de la Nouvelle Alliance, là encore pour rendre compte des filiations. Le terme « Ancien », vénérable dans bien des sociétés, porteur de sagesse, d'héritage, de transmission et de respect, a acquis dans le monde du christianisme une valeur péjorative. Ancien Testament signifie dans l'esprit de bien des chrétiens « qui n'a plus lieu d'être ». La Bible chrétienne est faite de deux « testaments », deux manières de dire qui nous sommes et quel est notre legs, dont l'une est chronologiquement antérieure à l'autre, qui se répondent, s'interpellent, s'interpénètrent et ne sauraient être divisées ou opposées.

enfermés dans septante cabanes isolées auraient traduit le texte de la même manière.

Traduire les textes en grec voulait dire non seulement s'inscrire dans le monde, mais s'y inscrire en propre; c'était à la fois aller à la rencontre du monde et affirmer son identité au sein de ce monde.

## Du tronc de Jessé[12]

Le canon hébraïque, lui, ne sera fixé qu'à la fin du $I^{er}$ siècle de l'ère chrétienne, au concile de Jamnia (Yabné). Il est assez tardif dans l'histoire du judaïsme, alors même que le christianisme, né en son sein, se développe de manière autonome.

L'expression « Ancien Testament » apparaît pour la première fois chez Paul dans la *deuxième épître aux Corinthiens* (3, 14) et marque un tournant important. Jusque-là en effet, le seul texte de référence du mouvement chrétien est le corpus d'écrits juifs, appelé *Graphaï* ou *Graphè*, Écrits ou Écritures.

L'élaboration du canon juif, la naissance d'une Nouvelle Alliance (Second Testament), à la fois héritière et en opposition à l'Ancienne Alliance (Premier Testament) s'ancrent et s'articulent dans un monde en pleine explosion. Le Temple de Jérusalem est détruit en 70 de l'ère chrétienne; le christianisme naissant se définit en rapport, continuité

---

[12]   En référence à *Ésaïe* 11, 1 : « Du tronc de Jessé [père de David et petit-fils de Ruth] sortira un rejeton. » Avec cette évocation du prophète, reprise dans un cantique de Noël célèbre : « D'un arbre séculaire, du vieux tronc d'Isaïe », je ne veux pas faire une lecture projective sur le texte d'Ésaïe, mais rendre compte d'une filiation, d'une lignée, d'un engendrement.

ou opposition, au judaïsme dont il est en train de naître. Et l'enfantement ne se fait pas sans douleur (voir p. 76 s.).

Les plus anciens écrits chrétiens qui nous soient parvenus ne sont pas les évangiles sous leur forme actuelle, mais les lettres de Paul. Or, Paul a déjà fait un immense travail théologique. Ce qui l'habite, ce n'est pas la personne humaine de Jésus, mais bien le Christ, le Ressuscité.

Les luttes dans l'Église primitive entre les tenants de Pierre, ceux de Jacques et ceux de Paul sont fondamentales. Elles posent la question de la filiation et donc de l'identité.

## Les canons chrétiens

Ainsi, le canon chrétien est-il le fruit d'une longue élaboration. À la fin du IV$^e$ siècle, en 382, le canon, c'est-à-dire la liste des écrits retenus pour le Second Testament, est promulgué par le pape Damase I$^{er}$[13]. Pour qu'un écrit puisse répondre aux règles du canon, il doit avoir au moins deux critères : être attribué à un Apôtre et être reconnu par toutes les communautés chrétiennes. Tradition et communauté.

Ce canon va servir de règle et de marque identitaire pendant plus de dix siècles. Traduit en de nombreuses langues, le texte est aussi copié et recopié pour être transmis auprès de tous les garants de la règle. Les signes sont tracés à la main sur des parchemins, à la lueur de la chandelle, aux chaleurs de l'été comme aux froidures de l'hiver, les mains moites, les mains gelées, les yeux épuisés qu'aucune lunette

---

[13]   À ce travail de mesure canonique des textes est lié immédiatement un travail de traduction : Damase I$^{er}$ demande à saint Jérôme de traduire les textes canoniques dans la langue internationale du temps, le latin. C'est ainsi que naît la Vulgate.

ne vient soulager — les bésicles ne verront le jour qu'à la fin du XIII⁰ siècle en Italie —, au prix de la peine et de la joie de moines attelés à une fidélité impossible. Comment dans ces conditions éviter des divergences entre les diverses versions, elles-mêmes nées du labeur patient d'hommes qui y consacraient leur vie[14]?

De plus, chaque évolution des écritures a eu des conséquences quant au rapport au texte. Lorsque les massorètes introduisent les points-voyelles (voir note 6) dans le texte en hébreu, entre 500 et 1000 de l'ère chrétienne, ils normalisent la lecture et la facilitent pour un grand nombre. Mais, en notant les vocalisations, ils impriment aussi au texte un sens et opèrent des choix. Quand le moine copiste travaille dans un *scriptorium*, il est dans un lieu de création dans lequel sont inventées de nouvelles représentations et calligraphies, images et enluminures. Malgré la rigueur exigée dans la copie, il reste assez de liberté au copiste pour que son écriture propre soit identifiable.

Lorsque les signes de ponctuation ou les espaces apparaissent entre les mots, après le X⁰ siècle de l'ère chrétienne, les coupures et les liaisons facilitent la lecture, mais elles sont aussi signifiantes. Quand la fin de la ligne d'écriture d'un manuscrit ne coïncide pas avec la fin du mot écrit par le copiste, tout l'art qu'il déploie pour les bouts de ligne s'inscrit dans le déchiffrement, l'apprivoisement du texte.

Modifications agissantes de l'écrit, transformations du sens nées de l'incarnation des mots par les sens, toucher

---

[14]  À propos du travail des scribes et des copistes, le rapport à l'Écriture, la naissance de l'imprimerie, lire le merveilleux livre de Marek HALTER, *La mémoire d'Abraham*, Paris, Éd. Robert Laffont, Pocket, 1983.

rugueux de la peau, crissement de la plume qui gratte le parchemin, odeur d'encre et de tannerie, la vue brouillée par les lettres qui s'emmêlent aux petites heures du jour, mots mille fois goûtés et remâchés... Mots écrits, copiés, puis lus, proclamés, entendus et vécus. Mots qui ne sont nourrissants et consolateurs, comme il est dit dans le *Livre de Néhémie* au chapitre 8, que s'ils sont accessibles à l'ensemble de la communauté.

Lorsque, entre la fin du XIV$^e$ siècle et le XVI$^e$ siècle, les humanistes mettent l'humain au cœur de toutes leurs interrogations, leur mot d'ordre « *ad fontes* », le retour aux sources, aux textes fondateurs, ne procède pas d'une nostalgie du passé. Il pose fondamentalement la question du statut et de la légitimité de l'écrit. Vivant à une époque où les manuscrits anciens sont découverts dans les monastères, ils se sont penchés sur des écrits que seuls les Arabes avaient su redécouvrir avant eux. Ils ont développé les « *litterae humaniores* », les lettres qui rendent plus humains. Dans un travail immense d'apprivoisement, d'apprentissage et de discernement, un travail collectif, ils ont posé un regard nouveau sur l'identité humaine, l'affirmation de l'importance de l'individu comme force agissante dans le monde.

Le travail de découverte des langues anciennes et des textes anciens s'est accompagné du travail de création d'une langue nouvelle, capable de rendre compte de cette transformation. Ce fut en particulier l'œuvre des poètes de la Pléiade. Ce fut celle aussi de tous les scientifiques, artistes, peintres et sculpteurs qui ont contribué à forger une nouvelle image de l'humain et de sa place dans le monde (voir p. 80 s.).

Lorsque Luther, le réformateur allemand du XVIe siècle, s'est élevé contre la confiscation de la Parole et qu'il a traduit l'Écriture, il a forgé une langue nouvelle portée par l'invention de l'imprimerie, modification profonde du travail de transmission de l'écrit. Son cri de révolte a entraîné une nouvelle scission au sein du christianisme. Une crise profonde qui, en dehors de considérations politiques, a amené des chrétiens à se situer de manière fondamentale par rapport à l'Écriture, à se dire avec des mots nouveaux qui ont eu des implications profondes quant au rapport aux autres, au divin et au monde.

Ces éclatements du christianisme ont entraîné à leur tour une modification du canon du Premier Testament. Il est de quarante-six livres pour le canon catholique et orthodoxe et comprend tous les livres du canon hébraïque, plus les textes appelés deutérocanoniques : *Judith*, *Tobie*, *Ecclésiastique* (*Siracide*), *Sagesse*, *Macchabées I* et *II*, *Baruch* (y compris la lettre de Jérémie), *Esther* et *Daniel* (chapitres supplémentaires). En revanche, pour les protestants, il est identique au canon hébraïque établi à Jamnia et compte trente-neuf livres. Le canon du Second Testament est le même pour tous les chrétiens, même si Luther a traité d'« épître de paille » l'épître de Jacques et ne lui reconnaît pas le statut évangélique des épîtres de Paul.

Aujourd'hui encore, au sein de la famille chrétienne, les questions de canonicité autour des textes vétérotestamentaires révèlent des questionnements essentiels sur les rapports aux origines et aux racines, à la fidélité aux sources ou à la tradition, au texte en tant que sujet d'étude ou de dévoilement, de révélation, sur le rapport à la vérité. Elles

révèlent aussi des questionnements essentiels sur la construction identitaire.

Ces questionnements sont dévoilés dans le vocabulaire
utilisé pour désigner certaines parties du corpus de livres :
livres deutérocanoniques, apocryphes ou pseudépigra-
phiques. Ces désignations posent le problème du rapport
au texte, de sa vérité, de l'authentification des auteurs, de
la crédibilité des voies de transmission.

Les livres deutérocanoniques désignent pour les catholiques et les orthodoxes les livres appartenant au « canon
secondaire » (Septante) et légitimés au concile de Trente
(1546). Ils font partie intégrante des Bibles catholiques ou
orthodoxes. Appelés « apocryphes » pour les protestants,
utiles mais non déterminants, ils disparaissent progressive-
ment des éditions protestantes entre le XVe et le XIXe siècle.
Les livres appelés « apocryphes » par les catholiques et les
orthodoxes, et « pseudépigraphes » par les protestants, sont
des livres tardifs d'origine juive et « faussement » attribués
à tel ou tel auteur. Ces livres ne figurent dans aucun des
canons chrétiens.

## Des langues mortes pour une Parole de vie

Lorsque les textes ont été rédigés, les manuscrits étaient
écrits sur des supports volatiles, chers, réutilisés (palimp-
sestes), sur des rouleaux de cuir ou de papyrus (*megillah*)
pour les plus anciens livres (*Jérémie* 36, 2 ou *Ézéchiel* 2, 9, par
exemple). Écrits en langues anciennes, langues dites mortes
pour la plupart, ces textes ne sont pas des originaux. Des
différences de style, de pensée, de rapport au divin et à
l'humain peuvent être révélées par le travail des exégètes.

Penchés sur la toile des textes bibliques, patiemment, dans une œuvre de très longue haleine, ils scrutent les bribes qui nous sont parvenues. Pendant de nombreuses années, les chercheurs ont ainsi découpé le texte du Premier Testament en strates et en couches appelées sources : Yahwiste J, Élohiste E, Deutéronomiste D, Sacerdotal P. Cette stratification et identification des versets en fonction de leur source est actuellement contestée. Elle aura néanmoins eu le mérite de mettre en évidence le fait que l'élaboration des textes a été un travail inscrit dans le temps, dans l'espace et dans la communauté. Elle a su mettre en évidence les nombreuses fibres qui constituent la trame du récit biblique.

Aucun texte olographe n'est à notre disposition. Les interrogations autour de l'identité des auteurs, des rédactions successives et des traductions sont multiples et leurs enjeux d'importance, parce qu'elles participent de la construction de notre propre identité : statut de l'original par rapport aux traductions, statut de l'interprétation orale par rapport à l'écrit, questions sur la reconnaissance interreligieuse et interculturelle, sur l'inculturation des textes dans les langues et technologies de notre temps.

Les traductions sont transpositions dans d'autres langues, mais aussi dans d'autres référentiels. Elles sont également l'occasion d'harmonisations, de précisions, de corrections, de simplifications, donc de choix par rapport au texte qui sert de base pour la traduction.

Dire que traduire est trahir, c'est dire de manière réductrice et simplificatrice qu'il existe une source fiable qu'il serait possible de retrouver en cherchant bien et que les transcriptions et traditions successives ont pervertie, cachée, corrompue. « Le texte est en lui-même achevé, pas une lettre ne peut manquer, pas une lettre supplémentaire ne peut se glisser, et, malgré cet achèvement, le texte est ouvert à l'infinité[15]. » Le texte est distance du rédacteur, la parole est présence et proximité de l'orateur et de l'auditeur. La parole est ici et maintenant, l'écrit voyage et dure. Flux et reflux entre local et universel, temporel et éternel, Torah écrite, Torah orale. La traduction dans une autre langue ou le passage à l'oral sont à la fois re-production et recherche de sens. Dire, traduire, c'est rendre sensible.

Dire que l'Écriture est Parole, c'est dire à la fois sa dimension éternelle et son ancrage dans le présent. C'est dire à la fois son immuabilité et sa fugacité, son universalité et sa proximité. Imprenable écrit qui ne peut être embrassé que dans l'instant, comme le dit Marc-Alain Ouaknin : « Le texte sera donc insaisissable, imprenable, et ainsi il ne pourra prendre la forme ou la place d'une idole[16]. »

Dans la tradition juive, le Targum est une traduction orale ponctuelle de l'hébreu en araméen, transposition centrée sur une seule interprétation pour un public précis, alors que le Midrash est recherche écrite qui ouvre à la multitude des sens. Le Targum est fidélité à la Parole qui est lue d'abord en hébreu (sans interférence du temple,

---

[15]  Les citations de ce paragraphe sont toutes tirées de la préface, fort heureusement intitulée « La Tradition du Nouveau », de l'ouvrage de Marc-Alain OUAKNIN, *Lire aux éclats*. Ma rencontre avec cette œuvre, après la première rédaction du présent texte, a été de l'ordre du coup de foudre, mais je résiste à la tentation de reproduire ici les passages, trop nombreux, qui ont fait sens pour moi. Aussi, je le recommande chaleureusement!

[16]  M.-A. OUAKNIN, *Lire aux éclats*, p. VII.

du roi, du sacerdoce, de la terre). Il doit rendre la Parole audible à tous, compréhensible pour tous pour permettre l'appropriation par chacun.

Le besoin de traduire, de rendre la Parole sensible et intelligible, est profondément lié à l'expérience de l'exil, au déracinement. Avec l'incarnation communautaire du texte dans une autre langue est née aussi l'affirmation que la Parole divine est enracinement et terre de toutes les promesses.

> Tout le peuple, comme un seul homme, se rassembla sur la place qui est devant la porte des Eaux, et ils dirent à Esdras, le scribe, d'apporter le livre de la Loi de Moïse que le Seigneur avait prescrite à Israël. Le prêtre Esdras apporta la Loi devant l'assemblée, où se trouvaient les hommes, les femmes et tous ceux qui étaient à même de comprendre ce qu'on entendait. C'était le premier jour du septième mois.

> Il lut dans le livre, sur la place qui est devant la porte des Eaux, depuis l'aube jusqu'au milieu de la journée, en face des hommes, des femmes et de ceux qui pouvaient comprendre. Les oreilles de tout le peuple étaient attentives au livre de la Loi.

> Le scribe Esdras était debout sur une tribune de bois qu'on avait faite pour la circonstance, et à côté de lui se tenaient Mattitya, Shèma, Anaya, Ouriya, Hilqiya et Maaséya à sa droite, et à sa gauche : Pedaya, Mishaël, Malkiya, Hashoum, Hashbaddana, Zekarya, Meshoullam. Esdras ouvrit le livre aux yeux de tout le peuple, car il était au-dessus de tout le peuple, et lorsqu'il l'ouvrit, tout le peuple se tint debout. Et Esdras bénit le Seigneur, le grand dieu, et tout le peuple répondit : « Amen! Amen! » en levant les mains. Puis ils s'inclinèrent et se prosternèrent devant le Seigneur, le visage contre terre. Yéshoua, Bani, Shérévya, Yamin,

Aqqouv, Shabtaï, Hodiya, Maaséya, Qelita, Azarya, Yo-
savad, Hanân, Pelaya — les lévites — expliquaient la Loi
au peuple, et le peuple restait debout sur place. Ils lisaient
dans le livre de la Loi de Dieu, de manière distincte, en en
donnant le sens, et ils faisaient comprendre ce qui était lu.
(*Le livre de Néhémie* 8, 1-8, version TOB)

Parole ouvrante qui met debout et élève le regard, parole
qui appelle un cri de reconnaissance (la traduction d'André
Chouraqui dit : « Ils crient l'acte de la tora… »). Cri de naissance qui donne du discernement. Discernement de l'acte
créateur qui est séparation. Le peuple se réunit « comme un
seul homme » au début du récit, unité originelle qui pourtant, jusqu'à la fin du passage, est attentif à la distinction.
Ainsi est dit l'équilibre fragile entre « être ensemble » et
« dire chacun ». Non pas une parole une et unique comme
à Babel, mais une criée commune de la Parole du Tout Autre
où la voix de chacun est discernée. Parole communautaire,
une et multiple, de l'infinie multiplicité dans l'Un[17].

Parole qui naît de l'Écrit. Ces passages, entre écrit, oral
et écrit, sont aussi créateurs. Les « paroles » de Jésus, écrites
par d'autres et en un autre temps, ne sont pas en déperdition
par rapport aux paroles prononcées. L'oral implique une
audience limitée, une subjectivité face à l'événement, alors
que l'écrit permet une universalisation spatio-temporelle et
une objectivation du texte par rapport à l'auteur.

Les passages entre oral et écrit portent donc aussi en
germe les passages entre l'individu et la collectivité. La mé-

----

[17]   C'est de cette levée, de cette criée, de ce discernement, à la fois prise
de parole individuelle et parole communautaire, que les chrétiens sont
les héritiers quand, ensemble (et chacun dans sa langue dans certaines
régions), ils crient ou prient *Notre Père*.

diation communautaire et collective entre texte et récepteur est fondamentale dans la transmission des textes bibliques, dans le judaïsme comme dans le christianisme[18].

La circulation, le va-et-vient, entre quête de sens individuelle et création collective est une voie contre les dérives. Si le texte veut être recréé, on ne peut en faire n'importe quoi :

> Il est légitime alors de s'interroger sur les limites de cette subjectivité et de ce droit à la parole dans l'interprétation. L'herméneutique existentielle où chacun s'implique à partir de sa propre histoire ne doit pas devenir affaire d'opinions, « un dire n'importe quoi », ou un parler pour ne rien dire. Le débat démocratique est fondé sur le droit de tout dire, mais cela ne veut pas dire qu'il y a une égalité de contenus de tous les dires... Le texte biblique pose la question de ces limites et en propose une réponse. Tout est-il dicible? Tout, sauf ce qui naît de la violence et qui conduit à la violence!... Un second point essentiel doit être souligné. Le droit à la subjectivité n'implique pas une écoute de la Révélation laissée à l'arbitraire des fantasmes[19].

> Ce qui nous permet d'établir une discrimination entre l'originalité personnelle apportée par la lecture du Livre et le pur jeu de fantasme d'amateur (ou même de charlatan), c'est une nécessaire référence du subjectif à la continuité historique de la lecture, c'est la tradition des commentaires qu'on ne peut ignorer sous le prétexte que des inspirations nous viennent directement du texte[20].

---

[18] Même si la fonction, les modalités et le poids de la médiation communautaire sont fondamentalement différents entre judaïsme et christianisme et même entre les différentes confessions chrétiennes.

[19] M.-A. OUAKNIN, *Lire aux éclats*, p. XVI.

[20] E. LEVINAS, *L'Au-delà du verset*, Paris, Éditions de Minuit, 1982, cité dans M.-A. OUAKNIN, *Lire aux éclats*, p. XVI.

Un rééquilibrage constant entre fidélité au texte et ouverture aux sens, écrit et oral, passé, présent et à venir, communauté et individu, est en permanence nécessaire pour que ces passages puissent être mutuellement féconds.

Dans sa lecture de *Genèse* 4, le meurtre d'Abel par Caïn, Natalie Henchoz, membre de ECPB, diacre de l'Église évangélique réformée du canton de Vaud, Suisse, fait une lecture de vie d'un texte violent et mortifère. Voici sa lecture.

## Quand la violence vient aux humains

L'injustice est le principe même de la marche de cet univers. (Ernest Renan, *Dialogue et fragments philosophiques*)

Les actes violents qui font la une de nos quotidiens interpellent tout particulièrement. Une espèce de climat de violence s'est installé sur la planète. Il y a la violence de la guerre, bien sûr... Il y a aussi les meurtres au quotidien, tout près de chez nous, tout ces faits, divers ou brûlants qui font la une des actualités. Il y a aussi ce que j'appellerai la « violence du hasard » : tous ces accidents où des personnes sont tuées ou grièvement blessées parce qu'elles se trouvaient au mauvais endroit, au mauvais moment... Pourquoi elle? Pourquoi lui?

Et, plus incompréhensible encore, la violence des éléments : violence de la sécheresse, des inondations, de la foudre, des tremblements de terre... Violence de la nature qui nous renvoie à un monde où des populations entières sont déracinées par une sécheresse, une invasion de sauterelles, le désert qui avance ou les eaux qui noient tout.

Lancinante question de la violence.

En rapportant ce meurtre au début de la Genèse, le récit biblique de Caïn et Abel inscrit la violence au commencement de l'humanité. Ainsi les récits humains disent que la violence est, et qu'elle est dès avant l'histoire, dès l'origine.

Dès le premier verset, l'exclamation d'Ève nous étonne : « J'ai procréé un homme avec le Seigneur. » C'est comme si Ève avait voulu donner à Caïn une double origine : par son père Adam, il est fils de la terre, *adamah*, et il est d'origine divine par l'affirmation de sa mère. Après le meurtre, Caïn sera séparé à la fois de Dieu et de la terre.

Abel, son frère, a quant à lui un nom particulièrement étrange, puisqu'il signifie « buée », « petit vent » ou encore « vanité », la même vanité que dans les paroles de l'Ecclésiaste : « Vanité des vanités, tout est vanité. » Qui aurait idée de prénommer ainsi son fils ? Dans le prénom d'Abel apparaît déjà toute l'expérience de la fragilité humaine, comme s'il n'était pas destiné à vivre.

Ces deux frères vont devenir rivaux le jour où l'un des deux fera l'expérience de l'inégalité. Dieu reconnaît en effet le sacrifice d'Abel, et pas celui de Caïn. Comment les frères se sont-ils rendu compte de cette réaction divine ? Le texte ne le dit pas. Il ne dit pas plus si Abel s'est aperçu de la réaction de Dieu. Comme souvent, celui qui subit l'inégalité y est plus sensible que l'autre. Le texte reste aussi silencieux sur ce qui a motivé le choix partial de Dieu. Les commentaires en défaveur de Caïn ont été nombreux, postulant par exemple que Caïn aurait offert un sacrifice de moindre qualité, ou encore que Dieu aurait privilégié Abel parce qu'Ève n'aurait eu d'yeux que pour Caïn. Le narrateur laisse cependant un blanc qu'il nous faut accepter et nous rendre à l'évidence : il n'y a pas de raison logique à la préférence divine. Cette préférence trouve son seul fondement dans l'arbitraire divin qui est souligné dans le livre en Exode 33, 19 : « J'accorde ma bienveillance à qui je l'accorde, je fais miséricorde à qui je fais miséricorde. »

Derrière l'affirmation de cet arbitraire divin se cache une expérience humaine quotidienne : la vie n'est pas juste, elle est toujours imprévisible et elle est faite d'inégalités qui ne sont pas toujours logiques et explicables. Le récit ne donne aucune réponse quant à la raison de cette injustice : elle est. Inscrite au cœur même de la vie. Inscrite dans la naissance même. Dans les douleurs mêmes de l'enfantement.

Caïn fait l'expérience de l'inégalité et il réagit avec force : la colère bouillonne en lui. Pourtant, si Dieu s'est détourné de son sacrifice, il ne rejette pas l'homme pour autant. Il lui parle, il l'exhorte à ne pas se soumettre au péché. Le terme « péché » apparaît pour la toute première fois dans la Bible. C'est significatif : le « péché originel » n'est pas celui de l'histoire d'Adam et Ève, à savoir la transgression de l'interdit divin. Le premier péché apparaît en lien avec la colère, l'abattement et l'animalité non maîtrisée !

Dieu en appelle à la responsabilité de Caïn, l'encourageant à ne pas s'abandonner à la violence, mais Caïn n'arrive pas à gérer cette colère qui monte en lui. Il essaye pourtant de parler à son frère. Le texte ne nous transmet pas ce qu'ils se disent, mais quoi qu'il en soit, puisque le meurtre a lieu juste après, la communication n'a pas dû passer... Le meurtre est donc lié à l'incapacité des deux protagonistes à communiquer.

Dieu est immédiatement présent pour questionner et sanctionner ; s'est-il d'ailleurs jamais éloigné ? La réponse de Caïn : « Suis-je le gardien de mon frère ? » peut sembler ironique. Mais qui aurait envie de se montrer ironique dans un moment pareil ? N'exprime-t-elle pas d'abord tout le désarroi de Caïn : il vient de réaliser la portée de son geste et reste stupéfait, choqué. Il ne sait pas comment affronter l'irruption de la violence, que ce soit dans sa vie ou dans la civilisation.

Souvenez-vous, c'est le premier meurtre. Irruption impossible d'une chose inconnue qui bouleverse tout. Caïn est menacé de perdre tous ses repères, la terre le renie, il devient vagabond. Son geste l'a coupé de Dieu : « Si tu me chasses aujourd'hui de l'étendue de ce sol, je serai caché à ta face. » Le terme « péché » signifie « rupture de relation[21] ». Ce n'est pas l'acte qui est montré du doigt, mais le fait que cet acte isole celui qui le commet, qu'il le coupe de sa relation avec Dieu et avec les hommes. C'est bien cela qui mène à la mort.

Quand il découvre les conséquences de son geste, Caïn a peur. Il découvre aussi qu'il vient de mettre en route la spirale de la violence : « Quiconque me trouvera me tuera. » Il crie alors vers Dieu : « Ma faute est trop lourde à porter. » Et Dieu décide de protéger Caïn par un signe. Le narrateur insiste ainsi sur le fait que, pour Dieu, la vie humaine, même celle d'un meurtrier, est sacrée. Aucun être humain n'a le droit de prendre la vie d'un autre, fut-il criminel.

Dieu offre, par sa décision, les conditions d'un avenir en dépit du meurtre et malgré la violence. Il permet à Caïn de s'installer au pays de Nod (Nod étant un pays imaginaire dont le nom est construit à partir d'un jeu de mot en hébreu sur le verbe « errer »). Ce pays est situé à l'est d'Éden, l'Est étant le symbole de l'espérance, là où le soleil se lève, l'espoir d'un jour nouveau.

La suite du récit de Genèse 4 raconte que l'installation de Caïn va permettre la naissance de la civilisation. Sept générations descendront de lui, un chiffre symbolique pour dire un peuple,

---

[21]    Le mot « péché » en hébreu se dit *Heth*, **חטא**, barrière et enfermement face à la force de vie. La lettre Heth signifie elle-même barrière et quand elle est posée sur la ligne d'écriture **ח**, visuellement elle est bien cet enfermement qui coupe la relation, cette faute mortifère qui est le péché (NdlR).

la fin d'un cycle et le commencement d'un renouveau positif. Parmi ses descendants, il y aura des éleveurs, des musiciens et surtout des artisans qui forgeront le serpent d'airain salutaire dans le désert.

Le récit de Caïn et Abel parle de la violence qui habite la condition humaine. Celle qui naît du sentiment d'injustice. Dieu n'est pas étranger à cette violence, puisqu'il confronte l'homme à l'expérience de l'inégalité. La gestion de la violence implique que nous reconnaissions notre propre violence et que nous ne fermions pas les yeux sur celle qui nous entoure et nous laisse souvent démunis. Affronter la violence, c'est accepter d'y être mêlé.

Pour illustrer cela, je prendrai l'exemple du vol en montgolfière. Une montgolfière, ça ne se dirige pas. Le ballon est tributaire des courants, du vent qui souffle. Le pilote ne peut que choisir de monter, en chauffant l'air à l'intérieur du ballon, ou de descendre, en le laissant se refroidir. C'est d'ailleurs cela qui fait son charme... Le pilote de la montgolfière n'est donc pas responsable du vent qui souffle, bien sûr. Mais il est en revanche toujours responsable de ses choix en fonction du vent. C'est lui qui prend la décision de monter ou de descendre, de poursuivre le vol ou d'atterrir. Nous ne sommes pas responsables du vent qui souffle. Nous ne sommes pas responsables du fait que la violence est en nous. Nous pouvons déculpabiliser! Mais nous sommes responsables de nos actes face à ce vent, à cette violence. Et ce qui est faute, ce qui est péché, c'est lorsque cette violence, en s'exprimant, nous coupe de Dieu ou des hommes. Il nous faut donc apprendre à la gérer. Oui, mais... comment?

La première façon est de la condamner irrévocablement. Qui de nous n'a pas entendu une fois ou l'autre ces petites phrases : « La colère est un péché! », « Attention! Dieu te voit! »... Cette façon de faire nie la violence, l'agressivité qui est en nous. Alors, que peut-on faire? Tout garder à l'intérieur de nous? Combien de maladies, de cancers et de suicides ont pour origine cette violence retournée contre soi-même? Ou bien exploser quand même et se retrouver en faute? Une deuxième façon de faire est de l'instrumentaliser : comme nous ne pouvons pas la supprimer, la violence est dirigée contre les gens qui ne pensent ou ne vivent pas comme nous. C'est l'origine du racisme, du fanatisme et des guerres de religions. Une troisième tentative consiste à accepter l'expression de la violence, mais à la détourner sur un objet symbolique... qui peut parfois s'avérer être une personne!!! C'est le fameux bouc émissaire. Ce terme a d'ailleurs pour origine un rituel juif lors duquel on chassait un bouc dans le désert, après l'avoir chargé symboliquement des fautes des humains. Puisqu'il faut un fautif, ce sera lui, elle, ou le rababoud[22]... Maîtriser la violence par la raison est la quatrième façon de procéder. La raison, instruite par Dieu, va contenir l'être et maîtriser la violence qui est en lui. La violence est donc reconnue et admise, mais hiérarchisée, dominée. Apprenons donc à nous maîtriser en toute circonstance, restons zen... et pratiquons la boxe!

Il existe aussi une cinquième façon de faire. C'est celle que le Christ nous propose : métamorphoser, transformer, les manifestations de violence, pour les mettre au service de l'amour. C'est ce qu'on appelle la non-violence, le concept que Gandhi et Martin Luther King ont utilisé dans leurs luttes politiques. La non-violence n'est pas « ne rien faire » : Jésus ne s'est jamais tu devant l'injustice. Il n'a jamais non plus refusé d'entrer dans l'action de peur de toucher à la violence.

---

[22]  Le rababoud est la figure symbolique chargée de tous les maux de la vie publique et communautaire qui est brûlée publiquement lors du carnaval à Fribourg (NdlR).

Certaines de ses paroles ou de ses actes ne sont d'ailleurs pas tendres! Mais ils laissent toujours une issue à la relation et à la communication, et c'est cela qui fait toute la différence. Rappelez-vous : le péché est la rupture de la relation. Un acte ne peut être qualifié de non violent que lorsqu'il garde la porte ouverte à la relation et au dialogue.

Jésus nous invite à le suivre dans cette voie. Il nous invite à nous lancer dans l'action. Il nous invite à gérer la violence, la nôtre et celle qui touche nos frères et sœurs, non pas en la niant, en la cachant, en l'opprimant ou en la détournant sur quelque chose ou quelqu'un, mais en la métamorphosant, en la transformant en énergie positive, en utilisant notre imagination pour changer des situations de violence en situations de dialogue et de relation.                (Natalie Henchoz, Neyruz, Suisse, 2004)

Dans cette lecture, Natalie Henchoz n'a pas cherché à épuiser ou à reprendre toutes les pistes exégétiques de ce monument archétypique du meurtre fratricide. Mais à partir des mots mêmes du texte, elle brise les clichés dans lesquels sont enfermés depuis la nuit des temps le texte de *Genèse* 4 et l'image de Caïn, en centrant sa lecture sur le péché comme enfermement. Et en proposant une image nouvelle, celle de la montgolfière, elle donne un souffle nouveau à un texte trop lourd d'interprétations. Elle offre des perspectives qui font appel à la capacité d'imagination de celles et ceux qui vont embarquer dans l'histoire revisitée.

## Imaginaire et dialogue

Histoire mise par écrit, qui circonscrit la violence et permet de l'affronter, mais qui court le danger de l'enfermement dans un monologue interprétatif. Pour que le récit de Caïn et Abel garde sa dimension thérapeutique, il lui faut sans cesse sortir de son enfermement pour mettre en travail sa puissance évocatrice et ouvrir au dialogue. Dialogue sur l'humain, les démons et les angoisses qui l'habitent, dialogue sur un Dieu insaisissable.

L'idée de « dieu » n'apparaît pas de manière soudaine ou magique. Le dieu, dont les textes disent qu'il a été révélé à Moïse au milieu du XIIIe siècle avant l'ère chrétienne, apparaît à la suite d'un long processus de maturation lié à l'histoire de l'humanité. Le sentiment religieux est un questionnement sur le sens de la vie, la violence, la vie après la mort et sur les liens communs à l'humanité tout entière. On trouve déjà des traces de ces questionnements vers 100 000 avant l'ère chrétienne, des formes de vie spirituelle qui s'exprimeront sous la forme de religions et de cultes polythéistes au Proche-Orient. C'est dans ce contexte que le monothéisme verra le jour.

Le moment où les histoires sont situées n'est pas celui où elles ont été rédigées : ce ne sont pas des reportages ou des comptes rendus factuels, mais des souvenirs ou des romans familiaux. Mais quand une histoire circule dans une famille de génération en génération, elle devient vitale et contribue à forger l'image et l'identité familiale.

Écrire, c'est faire un arrêt sur image pour suspendre l'imaginaire. Écrire permet un va-et-vient entre le moi et l'inconscient et relie le concret et l'imaginaire. Écrire permet de contenir, de donner un cadre et une structure à l'inconscient. Écrire permet de cadrer la production de l'inconscient pour pouvoir se dire, être en lien avec le récepteur et permettre la transmission, le lien avec le collectif. Écrire la parole est mise en ordre, création dans le chaos et finitude dans l'infini des mots.

Lorsque les auteurs de la *Genèse* mettent par écrit le meurtre fratricide, présent dans de nombreux mythes, le mal, l'enfermement, la souffrance sont circonscrits, contenus. Le tabou est levé sur les pulsions mortifères; celles-ci sont inscrites dans des mots, dans des signes qui permettent d'en faire le tour. Elles deviennent abordables, comme lorsqu'un cauchemar est raconté, même si elles restent difficiles.

La trame du texte biblique est faite aussi de cette nécessité de se dire, en paroles et en textes. La création naît de la Parole de Dieu, nous raconte la *Genèse*, Parole du divin en quête d'humain. Parole d'humain en quête de lui-même et qui lui dévoile du Tout Autre. Monologue qui devient dia-logue, parole jetée à travers les humains. Dialogues qui deviennent Écriture.

Cette nécessité de nommer et de se dire est donc liée à des moments de mise en ordre du tohu-bohu, des moments de crise. Les rêves, langage de l'inconscient, sont des matériaux de travail de la crise très importants. Les psychanalystes jungiens encouragent à les noter, à la fois pour en faire mémoire, mais aussi pour leur donner corps et permettre un vis-à-vis, une aide contre, née de la torpeur. De même, il est possible de lire le texte biblique en plaçant en regard les périodes de mise en écrits et les évènements historiques traversés au moment de cette mise en écrit et le contenu des textes retenus.

Les découvertes archéologiques et les avancées technologiques de la fin du XX$^e$ siècle ont contribué à bouleverser toutes les certitudes, y compris sur l'élaboration du texte biblique. Par ailleurs les quêtes spirituelles, les discrètes mais bien réelles apparitions du féminin (voir le sens de ce terme p. 17), de ce début du troisième millénaire, rendent fertile le travail de l'imaginaire en quête du Tout Autre et créent d'autres bouleversements, comme l'a fait le *Da Vinci Code*[23]. Si les écrits qui donnent de nouvelles clés de lecture de l'histoire et de ses silences sont pour certains vides de sens, pour d'autres ils sont libérateurs. Parce qu'ils appellent une fécondante mise en travail.

Les histoires de l'Histoire Sainte comme celles sur l'Histoire Sainte sont impressions et images et marquent l'humanité de leurs représentations. Quelquefois, elles prennent des libertés énormes avec les faits connus et rusent avec l'Histoire. Alors quoi? Tissu de mensonge ou édification? Paroles qui réorganisent le monde et construisent un avenir différent en transformant le monde et l'histoire.

Il est possible qu'il n'y ait pas de preuves historiques pour l'existence des patriarches. L'essentiel de l'histoire patriarcale, l'histoire des débuts d'Israël, a été d'après certains spécialistes composée autour du VIIe siècle à Jérusalem. En revanche, si les références historiques à des cités, des lieux, des usages ne renvoient pas à une histoire ancienne, antérieure au XIIe, elles permettent d'ancrer les récits dans la réalité, de dater le texte et d'assister à l'explosion de foi formidable qui a eu lieu aux VIIIe et VIIe siècles.

Les récits des patriarches et des matriarches n'en demeurent pas moins des récits fondateurs qui initient la lente

---

23   Dan BROWN, *Da Vinci Code*, Paris, Lattès, 2004.

mise en route de l'humanité. L'appel adressé à Abraham par Dieu : « Pars vers toi », magnifiquement traduit et éclairé par Marie Balmary dans *Le sacrifice interdit*[24], traverse les temps et l'espace pour trouver son écho dans notre humanité du XXIᵉ siècle.

Peut-être n'y a-t-il pas de témoins archéologiques pour la sortie d'Égypte et l'exode n'a-t-il pas d'enracinement archéologique concret. Il n'en demeure pas moins un texte fondateur et il jette les premières bases de la justice sociale. Peut-être aucune preuve historique n'indique-t-elle que David et Salomon aient été autre chose que des rois locaux, dans une région défavorisée et sans rayonnement, et Jérusalem un village sans prétentions, alors que les rois du Nord, les Omrides, les mauvais rois selon la Bible, auraient été de fait des rois connus et prospères. Mais les textes bibliques qui racontent l'histoire ancienne, quand ils mettent en lumière les rivalités entre frères dès le début des récits, dès le premier enfantement en *Genèse* 4, réhabilitent le plus petit, le plus faible, le moins visible, le moins brillant.

En racontant les luttes entre Caïn et Abel, le cultivateur et le pasteur, entre Esaü, le chasseur fort et rustre, le père d'Edom, état rival de Juda au VIIᵉ siècle, et Jacob, le fragile et cultivé Jacob, père d'Israël, à travers la condamnation de Caïn, la victoire de Jacob, la gloire de Joseph, les victoires improbables d'un petit état du Sud contre les puissants rois du Nord, les histoires transforment en profondeur la conscience et la perception que le peuple a de lui-même. Les histoires qui font du berger David un grand roi parlent

---

[24]  Marie BALMARY, *Le sacrifice interdit. Freud et la Bible*, Paris, Grasset & Fasquelle, 1986.

de cette capacité de transformation réelle de l'image, sur le plan individuel comme sur le plan collectif. Et elles affirment que la mise en lien avec le Tout Autre met en route vers un devenir autre.

Ainsi la lecture de l'histoire de Caïn et Abel en a-t-elle appelé une autre, celle de Marthe et Marie. Longue mise en route à travers le temps et l'espace qui affirme que le devenir des relations entre frères, entre sœurs, pour difficile qu'il soit, n'est pas voué à l'échec par les premières expériences, mais peut être transformé pour une rencontre possible.

En retraçant à travers les générations les relations entre frères et sœurs, leurs liens étroits et leur rivalité, le petit peuple qui essaie d'exister entre les géants que sont les Assyriens puis les Babyloniens devient vaillant. Comme le petit tailleur qui écrit « Sept d'un coup » sur sa ceinture et devient ainsi celui qui vainc les géants, le petit peuple du Dieu Unique, en ceignant ses reins de la Parole écrite, est appelé à vivre. Les mots écrits sont vrais, au-delà de toute vérité historique ou archéologique. L'Écriture est l'expression d'une réalité, la réalité de la venue à la conscience et au monde d'une libération et d'un devenir.

En tant que quête identitaire et expression d'un devenir, elle nous rejoint dans notre propre quête et interpelle notre propre identité. Que nous dit-elle, à nous, cette histoire des patriarches et du petit peuple devenu grand dans un monde où l'impuissance et le désespoir sont le lot quotidien de celles et ceux qui se lèvent contre les géants? Que nous apprend-elle sur notre humanité, nos rêves gémellaires, nos tentations de fusion et d'absorption? Que nous racontent ces histoires de nos relations familiales, quelles pistes nous ouvrent-elles dans un monde de familles recomposées? Quel est cet espoir insensé qui vient habiter notre impossible réalité et transformer dans notre vie le fort en faible et le perdant en gagnant?

La Bible raconte aussi des cycles, cycles familiaux, temporels, symboliques; cycles qui révèlent l'humain en disant le divin. Des cycles dans une histoire en marche, des ronds de jambe à la progression linéaire et du temps pour avancer en tournant… Temps pour dire Dieu Unique et temps pour dire cet Unique pluriel, Père, Fils et Esprit. Temps pour faire disparaître la Dieu Mère (2 *Rois* 18, 4) et temps pour dévoiler la Mère de Dieu. Que nous disent les histoires bibliques à travers ces cycles? Quelles saisons nous promettent-ils à l'aube d'un millénaire en plein balbutiement? De quelle promesse inscrite dans nos racines la sève abreuvera-t-elle nos vies? Avec la disparition du Dieu Mère, quelle sera la matrice qui nous nourrira de ses forces?

Que nous apprennent les récits, les écrits du *Deutéronome*, les livres des *Juges*, de *Samuel*, des *Rois* et des *Chroniques*? Au milieu des guerres, des victoires et des défaites, l'idée de Dieu vient aux humains. Non plus seulement le Dieu personnel, interlocuteur privilégié qui met en route, mais le Dieu d'une communauté, qui structure les relations sociales et dynamise un peuple. Mais l'exil emporte tout dans son arrachement : terre, tombeaux, maisons, capitale, Temple, autonomie politique. Que reste-t-il alors au peuple? Qui est-il encore? En jetant par écrit le récit fondateur de l'exode, il crie son espérance et se sauve des eaux pour renaître à la vie.

Les deux récits fondateurs de la foi ne sont pas étayés par des preuves scientifiques. La Pâque et Pâques sont un cri de renaissance après une souffrance mortifère. Cri de foi conjoint du féminin et du masculin, il fait naître à une nouvelle vie. La mer Rouge est le symbole par excellence du retour à la vie, tant par la référence à l'eau qu'à la couleur rouge et à la dimension matricielle de la mer, homophone de mère. De même le tombeau, entrailles de la terre, est le lieu par excellence de la nouvelle naissance. Pour ces deux venues à la nouvelle vie, les femmes sont présentes. Elles traversent la mort. D'*Exode* 15 à *Jean* 20, les Marie-Myriam accueillent la vie.

Nés à l'écrit d'une crise profonde, les évènements qui les fondent ont été revisités, adaptés, modelés, mis au service de la formidable expérience spirituelle vécue par les communautés qui la transmettent. Le travail d'élaboration du texte biblique participe à la venue à la conscience de l'humain. La mise en perspective avec les voies ouvertes par les femmes et les hommes qui étudient le texte, le remâchent et s'en nourrissent, participe à notre propre construction identitaire. Le texte biblique ne nous ouvre pas d'abord à une réalité factuelle mais à notre propre devenir.

La réalité proposée par le texte, c'est l'effort inouï d'une communauté pour être et pour permettre à ses membres d'être. Ce n'est pas d'abord une suite de faits vérifiables, attestés. La réalité, c'est la nécessité impérative pour une communauté de dire avec tous les moyens possibles – images, légendes, reconstitutions, révisions, traductions – sa relation à son dieu.

Quelle que soit la réalité historique, l'histoire racontée par les textes, provenant de la tradition orale ou de « bribes » perdues, reflète une transformation intérieure, un impératif de travail intérieur, respectivement interne aux communautés.

Dans l'histoire réécrite, Dieu est créateur. C'est le Dieu en dialogue de la relation personnelle qui devient le Dieu guide d'un peuple, ciment d'une communauté. C'est le Dieu triomphant d'un peuple conquérant qui devient le Dieu amoureux et rempli de désir pour un peuple faible, le Dieu d'un peuple élu qui devient le Dieu universel.

Pour fondamentales que soient les recherches scientifiques sur l'origine et les modes de transmission des écrits bibliques, elles vont de pair avec la nécessaire prise de conscience que la quête du texte source, du conte originel, peut être mortifère si elle lie la valeur et la portée du texte à sa seule origine. Or, de fait, pour les enfants des Écritures, les figures célèbres de l'Histoire Sainte sont vraies, quelle que soit leur réalité historique. Abraham est la figure du père, Moïse est la figure du libérateur, David est la figure du roi, figures atemporelles et universelles, Myriam-Marie est celle par qui la vie redevient vierge de souffrances, ouverte à tous les possibles, à tous les renouvellements, à toutes les espérances. Ces histoires sont en elles-mêmes images fécondantes et agissantes pour nous. L'image d'Ève est plus controversée mais pas moins évocatrice! Lire les Écritures, ce n'est pas uniquement être attentif aux aspects linguistiques, historiques… c'est aussi être attentif à l'intériorité, la réceptivité, la faiblesse qu'elles travaillent et transforment.

La Bible est traduction et passages. Passage de l'oral à l'écrit, passage d'une langue à une autre, passage d'une culture à une autre, d'une tradition à une autre, passage de la multiplicité à l'unicité…

La Bible appelle la traduction et les passages. Passage de l'écrit à l'oral, passage de langues mortes à une parole de Vie, passage du canonique à la liberté, passage de la singularité à l'universalité.

# Chapitre 3

# Un chant du monde

Ces passages sont inhérents au texte biblique, mais ils ne lui sont pas réservés. Les écrits bibliques nous arrivent de la nuit des temps, ils ont voyagé de concert avec d'autres écrits et partagent avec eux le statut de textes fondateurs de l'humanité, fondateurs de l'humain, textes de vie parlant à notre âme.

Parmi ces œuvres, on trouve les contes, les mythes, les légendes, les paraboles, les poèmes et les sentences. En quoi ces créations sont-elles en lien avec le texte biblique, en quoi les deux peuvent-ils s'éclairer mutuellement? S'il est fréquent aujourd'hui de penser qu'il peut y avoir du sacré dans les contes, est-il envisageable de trouver des contes dans le sacré?

## Contes en canons

Les récits bibliques ont émergé sur la même trame humaine que les contes et les mythes. Ceux-ci se nouent autour des mêmes quêtes de sens. À la différence des récits bibliques néanmoins, leur collecte et leur rédaction systématiques est

toute jeune. Le conte ne jouit d'une reconnaissance qu'à
partir du XVIIIe siècle dans une Europe en crise. La prise de
conscience d'un patrimoine largement transculturel et la
volonté de préserver la mémoire collective ont contribué à la
collecte et à la rédaction des contes, puis à leur comparaison
et à leur classification, classification qui continue de changer.
Tous les contes des anciennes collectes n'ont pas encore été
analysés. De nouvelles collectes ont lieu actuellement : une
nouvelle révision Aarne-Thompson[25] a eu lieu en 1964 et
depuis le début 2000, la troisième révision est en cours.

Le monde des contes s'inscrit depuis quelques décennies,
et parallèlement à une prise de conscience du conte comme
facteur identitaire collectif et individuel, dans un processus
de « canonisation ». Des critères de classification et d'exégèse sont en cours d'élaboration. Ces démarches soulèvent
des questions identitaires fortes. L'intérêt grandissant pour le
conte, à la fois universel et profondément local, reflète aussi
les quêtes de sens dans un monde du XXIe siècle tendu entre
mondialisation et particularismes. Les forums de conteurs
sur la Toile sont activement impliqués dans ce processus,
dans cette aventure collective.

## Merveilleux contes

Les contes merveilleux sont des récits de type magique,
faisant intervenir des fées, des ogres, des animaux, des objets
magiques, des pouvoirs surnaturels. Souvent, ce type de
contes se termine bien, par l'élimination du méchant et par
la consécration du gentil. Ils sont racontés dans les veillées,
le soir au coin du feu, et ils trouvent leur forme consignée

---

25    Voir le détail de cette classification, p. 140 s.

dans les albums pour enfants et les dessins animés. Parmi eux, les plus célèbres, tels *Cendrillon*, *Blanche Neige*, *La petite sirène*, les contes d'Hoffmann, les contes de Gripari, *Le chat botté*. Ils peuvent avoir un auteur identifié ou être attribués à un auteur, qui est souvent un collecteur, ou encore être d'origine anonyme.

Parfois, le conte merveilleux présente dans sa narration des passages en vers ou en prose rythmée ou chantée, des refrains, des dialogues ou encore des poèmes que l'auditoire connaît souvent. Ils ont une importante fonction collective parce que ces refrains peuvent être repris en chœur. Appelés « chantefables », ils sont encore très pratiqués en Afrique, qui en présente la forme la plus élaborée. *Rapunzel*, *Le conte du genévrier* de Grimm, *Blanche Neige* appartiennent à cette catégorie.

## Contes de fous, contes de sages

Les contes de sagesse, facétieux, farces et anecdotes, proverbes et énigmes sont des textes souvent courts, qui ne cherchent pas à résoudre une situation conflictuelle et qui peuvent commencer par une question. Il s'agit de récits à morale et de récits philosophiques. Racontés de jour et en situation, ils interpellent à propos d'évènements du quotidien.

Ils englobent de nombreux textes de sagesse, en particulier orientale : contes soufis, contes zen, contes autour de Nasruddin, personnage simplet, héros de nombreuses aventures dans tout le pourtour du bassin méditerranéen, l'énigme du sphinx.

## Quand les mythes s'en mêlent

Les mythes sont des récits fondateurs, qui parlent de la période avant l'Histoire, de l'origine du monde et de l'humanité, de la naissance des dieux et des déesses. Ils sont cycliques et les héros mythiques meurent et se renouvellent. Ils sont souvent le fruit d'une production collective et leurs auteurs sont inconnus. Ainsi Prométhée, Icare, Hercule ou Gilgamesh.

Les mythes cosmogoniques déploient des visions sur la naissance de l'Univers, les mythes théogoniques racontent la formation progressive du monde. Ils entrelacent action des divinités et phénomènes naturels. Les mythes anthropogoniques relatent l'apparition de l'être humain sur terre et les mythes historiques tissent les origines d'une cité ou d'une peuplade. Certains mythes répondent à des questions existentielles générées par le religieux ou le politique.

## Chansons de geste

Mémoire collective orale structurée, à l'égale des dits liturgiques, ce groupe contient tout ce qui est fondateur et qui est transmissible par des mots dans la communauté véhiculaire, les hauts-faits des dieux et des hommes. Ces récits n'ont pas d'auteur. Ils sont composés en vers et se déclament ou se chantent d'une manière codifiée, ritualisée. Le barde ou troubadour s'accompagne d'une vielle; la musique est souvent simple mais répétitive, facilitant la mémorisation et la reprise collective.

Les peuples, comme le Viêt-Nam, qui n'ont pas d'épopées sont rares. *Illiade, Odyssée, Kalevala, Edda, Chanson de Hildebrand, Chanson de Roland, Épopée d'Ulster, Yang-t'seu*, autant de récits psalmodiés qui ont tissé des liens, sociaux, géographiques, transgénérationnels.

En France, ces récits datés du XIe au XIIIe siècle sont inspirés par des faits réels se déroulant à l'époque carolingienne, du VIIIe au Xe siècle. À partir du XIIe siècle, les épopées s'organisent en cycles suivant l'arbre généalogique du héros.

L'épopée de Gilgamesh, qui contient plus de trois mille vers, est la plus ancienne épopée connue. Elle a été écrite en sumérien vers 2500-2100 avant l'ère chrétienne.

Le *Mahabbarata*, qui est quinze fois plus long que la Bible, est né en Inde au IVe siècle avant notre ère; c'est l'une des épopées les plus complexes.

## Contes et légendes

Les légendes expliquent l'origine d'une pratique, d'un lieu, telles la légende de saint Nicolas ou le rocher de la Lorelei. Ces légendes sont portées et reconnues par la communauté. Elles sont le souvenir, souvent transformé, d'un fait avéré, d'un événement réel, même si cet événement n'est plus vérifiable (*Pocahontas*, *Guillaume Tell*, *Till l'espiègle*). Un ensemble de légendes rattachées à un même personnage ou groupe de personnages forme un cycle, comme le cycle arthurien.

Les contes étiologiques, qui répondent aux mêmes fonctions, cherchent à expliquer l'origine des phénomènes naturels : pourquoi les hirondelles font le printemps (France), *Nuage blanc et Neige* (Amérique du Nord), l'origine des noix de coco (Nouvelle-Guinée).

## Univers fabuleux

La fable est un texte narratif bref qui met souvent en scène des animaux, parfois des personnages et qui se termine par une morale. Leurs auteurs sont généralement identifiés. Parmi les plus célèbres, Ésope, écrivain grec, Jean de La Fontaine, écrivain français, et Ivan Andreïévitch Krylov, écrivain russe.

La plupart de ces histoires reposent sur les rapports entre les personnages et la façon dont ils sont affectés par un événement extérieur ou un lapsus de leurs comportements automatiques. La fable met en jeu le plus souvent un ou deux personnages au sein d'une intrigue élémentaire où une seule action va faire la différence entre l'état initial et l'état final. La notion de quête, très importante dans les contes, est ici inexistante.

Du point de vue formel, tous ces textes, quelle que soit leur classification fonctionnelle, utilisent aussi bien les narrations descriptives, les dialogues, les injonctions ou les interrogations que les récits de rêves ou les visions. Par ailleurs, ils se déclinent aussi bien dans des formes brèves que des formes longues.

Racontant la pré-histoire, les mythes bibliques ouvrent à l'histoire et à la Bible dans les onze premiers chapitres de la *Genèse*. Les textes bibliques font partie des textes fondateurs qui ont inspiré les plus belles histoires pour dire la venue en humanité. Ils n'ont rien perdu de leur puissance évocatrice et continuent à faire œuvre de création. Le poème qui suit est né d'une belle rencontre de travail transdisciplinaire. Nous y avons ensemble revisité les multiples images qui sont venues aux humains pour dire leur genèse.

## Et l'Esprit de Vie se mit à l'œuvre

Et l'Esprit de Vie se mit à l'œuvre pour créer le monde

> Dieu crée le ciel et la terre

> Le Grand Esprit les crée chez les Cheyennes.

Et c'est le tohu-va-bohu

> et le chaos chez les Grecs.

Et les eaux règnent sur la surface du monde

> En Mésopotamie Apsu, l'eau douce masculine, et Tiamat, eau salée féminine, font naître le monde

> En Égypte, Nou, l'océan primordial donne naissance à Amon-Râ

> En Inde, l'eau infinie fait naître Brahma-Vishnou, créateur de tout l'Univers

> Et la terre flotte comme une méduse sur les eaux primordiales au Japon

> Et la mer recouvre tout chez les Mayas

> Et le rat musqué plonge au fond de la mer chez les Indiens pour ramener la terre

> Et c'est de la glace, eau gelée, que naît le monde Viking

> Et le Temps du Rêve Aborigène est baigné dans les eaux souterraines.

Et Dieu crée le jour, la nuit, les astres et le firmament

> Tandis que les cinq soleils éclairent les cinq premiers mondes créés chez les Aztèques

> Et qu'Amon-Râ et Apopis se donnent la chasse en Égypte

> Et que l'Aigle et le Renard en chassant ensemble ouvrent les malles qui retenaient les astres chez les Cheyennes.

Et Dieu crée l'humain à partir de la terre et lui insuffle la vie

> Et Enki, en Mésopotamie, fait l'humain avec de l'argile trempée dans le sang d'un dieu sacrifié
>
> Et en Égypte, Khnoum, le dieu-bélier façonne l'homme sur son tour de potier
>
> Et c'est avec de la terre qu'Héphaïstos, sur l'ordre de Zeus, façonne la première femme, Pandore, chez les Grecs
>
> Et Gugumatz et Huracan, chez les Mayas, façonnent l'humain à partir de terre glaise, mais il ramollit à la pluie, ce qui les oblige à recommencer
>
> Et le Golem de la tradition juive naît de la terre
>
> Et au Bénin l'humain est modelé par de l'argile et de l'eau.

Et Dieu plante un jardin

> Et l'arbre de Vie au milieu du jardin et l'arbre de la connaissance du bien et du mal
>
> Et au centre du monde Viking trône un frêne.

Et Dieu confie cet Univers à l'humain

> qui est à son image et à sa ressemblance et qui est promis à immortalité
>
> Mais l'Adam ne sait pas rester immortel. Il goûte au fruit défendu et devient mortel
>
> Mais Gilgamesh, en Mésopotamie, ne sait pas garder la plante merveilleuse et devient mortel
>
> Mais Le-eyo chez les Massaïs oublie la phrase magique et l'humain devient mortel
>
> Mais le Caméléon n'arrive pas à temps en Côte d'Ivoire et l'homme devient mortel.

Et ils furent séduits par le Serpent

> Le Serpent sans qui le monde s'écroulerait chez les Fon au Bénin

> Le Serpent Arc-En Ciel qui féconde la terre par la pluie chez les Aborigènes

> Le Serpent qui mange la plante d'immortalité chez Gilgamesh

> Le Serpent Apopis qui tente toutes les nuits de dévorer Amon-Râ

> Le Serpent qui découvre pour Isis le secret du nom d'Amon-Râ

> Le Serpent qui habite dans les racines du frêne des Vikings

> Le Serpent à huit têtes dévoreur de jeunes filles au Japon

> Le Serpent à plumes, Quetzalcoatl, dieu de la fécondité chez les Aztèques.

Et « Ève enfanta, elle eut un fils Caïn...

> et elle continua d'enfanter et elle eut un autre fils, Abel »

> et Caïn tua Abel et fonda une cité

> et Romulus tua Rémus et fonda une cité.

« Et les fils de Dieu virent que les filles des hommes étaient belles »

> et ils les prirent pour femmes

> et ils eurent de nombreux enfants, les géants

> héros fameux de l'Antiquité qui peuplent *Genèse* 6 et la Grèce.

Mais l'Éternel se repentit d'avoir fait l'homme sur la terre et voulut l'anéantir

> Et avec lui aussi les dieux de Mésopotamie

> Et ceux de Grèce.

Et Noé trouva grâce aux yeux de l'Éternel et survécut

> Et le Supersage survit en Mésopotamie

> Deucalion et Pyrrha survivent chez les Grecs.

## Cris et écrits

L'écriture du texte biblique met en mots les contractions pour la venue au monde en humanité. Elle parle de cet accouchement à l'autre et au Tout Autre dans les douleurs de l'histoire, en une réécriture fécondante et ininterrompue des évènements, et tisse l'invisible au visible, le conscient à l'inconscient, l'individuel au collectif.

### Un exil pour dire les pères

Entre 800 et 400 avant notre ère, en l'espace de quatre siècles, la domination du monde passe des Assyriens aux Babyloniens puis aux Perses. En -722, la Samarie est prise et les habitants, déportés. En -587, c'est la chute de Jérusalem; les habitants sont déportés à Babylone. En 150 ans le pays est anéanti, le peuple déporté, déchiré. Il faut retrouver la force d'y croire, se souvenir de ce qui a fait la force dans le passé, l'écrire, ce qui permet de dire, à soi et aux autres, qui l'on est, pour pouvoir continuer. De nombreux textes sont rédigés entre -800 et -400 : des textes prophétiques, mais aussi les textes historiques qui permettent ce travail identitaire. Histoires situées bien loin dans le passé et que la mémoire fait revivre dans la parole et l'écriture au présent.

C'est au cours de ce douloureux et difficile travail identitaire que seront tissés les textes les plus connus du Premier Testament. Dans ce terroir prendront forme les figures du père Abraham, celui sans qui rien ne serait, et de Moïse, celui qui sauve de l'esclavage et de l'anéantissement. C'est en cette période de non-droit que sera dite la Loi, qui permet de fonder une identité sociale et politique, de passer de l'état de tribu à celui de peuple. En ces heures de perte, en ces heures de rêve de retour, les récits de l'installation en Canaan, de l'histoire de la conquête de la terre et des juges, qui sont les garants de l'existence sociale, sont racontés. Pendant ces heures sombres, les rois, liens entre l'humain et le divin, qui ancrent l'existence humaine et collective dans la transcendance, prennent toute leur importance. La figure du roi prend toute sa densité. Et c'est en ces temps-là, dit la réécriture en exil, qu'un temple est construit par le roi pour Dieu. C'est en ces temps de deuil qu'est dite l'identité territoriale, sociale, politique, religieuse.

Qu'Abraham ait réellement existé ou non, il est la figure du bon père. Que Moïse ait vécu ou non, il figure le libérateur et le guide. Que David ait été un grand roi ou non, il incarne la figure du roi. Sans oublier Sarah, Tamar, Myriam, Débora, Ruth. Dans un temps de souffrance et d'abandon, la capacité créatrice des rédacteurs et la foi en un monde nouveau ont fait, à travers l'écriture, des ancêtres qui habitaient leur mémoire des figures universelles et intemporelles.

## Des mots nouveaux pour une langue nouvelle

Autour de -330, en dix ans, un jeune général bouleverse l'ordre du monde : Alexandre le Grand. À sa mort, le monde est de nouveau divisé en deux : l'Égypte, sous la domination des Ptolémées, et la Syrie et la Mésopotamie, sous la domination des Séleucides. C'est le moment pour les juifs de la diaspora de se dire co-auteurs du monde dans lequel ils vivent. Autour de -250, un travail formidable permet à la Bible des Septante de voir le jour. Elle est passage d'une langue à une autre, d'une culture à une autre, d'un rapport au monde à un autre. Elle est profondément nouvelle création et elle s'enracine tout aussi profondément dans le tissu existant, mémoire et âme du peuple juif. Ouverture au monde, réécriture de certains passages, ajouts, modifications, teintes nouvelles, mais toujours la même trame de fond, les mêmes affirmations de l'histoire du salut, celles qui permettent d'être et de devenir, celles qui relient l'humain au divin, dans une création commune et sans cesse renouvelée. La Septante deviendra la référence pour le monde chrétien pendant quinze siècles.

## Un enfantement dans la douleur

Le $I^{er}$ siècle est un autre siècle de bouleversement pour le judaïsme, d'une part à cause de la destruction du Temple et d'autre part à cause de l'émergence en son sein du christianisme. Les premiers chrétiens sont des juifs, confrontés à de nombreux problèmes identitaires. La première question est d'abord celle de la succession entre les Apôtres : qui est héritier du message, qui en est le dépositaire et le responsable de son devenir? La filiation sera-t-elle génétique avec

Jacques, frère de Jésus, ou spirituelle, avec Pierre? Les tenants du judaïsme et ceux du christianisme ont subi de grands chocs dans la deuxième moitié du I$^{er}$ siècle. Les difficultés de relation entre les premières communautés chrétiennes et avec le judaïsme sont fondamentales et fondatrices.

La destruction du Temple a frappé de plein fouet, aussi bien la communauté juive que les communautés chrétiennes, dont beaucoup vivaient en marge des synagogues. Le judaïsme privé de son centre se trouve menacé dans son existence même. Un rabbin pharisien, Rabbi ben Zakkai, s'enfuit de Jérusalem et demande aux autorités romaines l'autorisation de créer une école rabbinique à Jamna, ce qui entraînera un repositionnement dans la question de la soumission aux autorités. Le travail de l'école de Rabbi ben Zakkai a été extraordinaire et a permis la survie du judaïsme dans sa forme pharisienne, mais au détriment d'autres tendances toutes éradiquées. Pendant vingt ans, le nouveau centre religieux travaille à l'identité du judaïsme : identité face aux Romains, l'autorité civile qui a permis l'émergence du centre, identité face au christianisme et identité par rapport aux Écrits. La Bible des Septante, très répandue dans la diaspora, est délaissée au profit de la Bible hébraïque, parce qu'elle est devenue le texte de référence des nouvelles communautés chrétiennes.

Entre les années 70 et 90, la synagogue vit une fermeture. L'office est peu à peu réservé à ceux qui suivent « l'enseignement droit », c'est-à-dire aux juifs orthodoxes, et fermé aux hérétiques, aux nazaréens, aux tenants de ce Jésus de Nazareth. L'exclusion des chrétiens de la synagogue est définitivement scellée au concile de Jamnia entre 90 et 100.

Après la perte du Temple, la communauté juive se rassemble autour des rabbins et de l'autorité de l'Écriture.

Au II$^e$ siècle, non seulement Israël n'a plus de terre ni de Temple, mais se voit encore privée de son statut de racine, de souche mère. Le christianisme grandissant se définit comme le vrai Israël, à la fois dans un prodigieux travail d'intégration et de transformation et un travail de rejet. Comment alors renaître à l'espérance?

Depuis la destruction du Temple, et à partir de la clôture du canon juif, l'affirmation identitaire juive se dit encore plus fondamentalement dans le rapport entre texte et transmission orale, en un lien indissociable. Dans la tradition juive, la Torah orale est aussi importante que la Torah écrite. La Torah écrite exige d'être entendue, « *Chemah Israël* ». Écoute de l'être, qui appelle à la vie, elle suscite une transmission orale et liturgique fidèle, mot à mot, du bouche à oreille, et elle appelle la Torah orale, bruissement infini de voix qui permet de porter le souffle de l'Écriture à travers l'espace et le temps.

Dans les années 50-60, Paul, à travers ses épîtres, incarne les crises de passage du judaïsme porteur au christianisme naissant. Comme Jésus, il est enfant de la Torah et il lui faut devenir enfant de Dieu. De la vision sur le chemin de Damas à l'écharde dans son corps, Paul témoigne de ses propres bouleversements et de ses renaissances. Ses écrits rendent compte de la crise identitaire profonde traversée par les premiers chrétiens. Quelquefois tranchants, autoritaires ou incohérents, ils parlent aussi de la transformation numineuse de l'être et du monde. Chez Paul, la vision de la rencontre avec le divin, travaillée et mise au monde en mots, transforme la réalité de manière profonde et irréversible.

De même les évangiles, postérieurs aux épîtres, et les autres écrits du Second Testament mettent en mots toutes ces crises, ces tâtonnements et ces rêves, qui participent à la transformation du rapport au monde et au divin. Au-delà de toute preuve et en deçà de toute affirmation de foi, le travail de mise en mots à partir de la croix, l'affirmation de la résurrection dans les épîtres et les évangiles est en soi salvatrice. Quelle que soit la réalité historique de la résurrection, quelles que soient les quêtes archéologiques et scientifiques, il est des femmes et des hommes qui ont traversé l'expérience de la mort et pour qui ce passage a conduit à la vie. Des femmes et des hommes qui ont mis en mots et en écrits, non pas une réalité objective, mais leur insaisissable expérience de vie. Des femmes et des hommes qui, pendant près de quatre siècles, vont tisser ensemble la toile des mots qui traduisent au plus près le mystère de cette expérience.

Le travail communautaire qui a abouti au canon a moins retenu les textes des ténors de la jeune Église que les lettres de Paul, pourtant peu entendues de son vivant. À travers ses accouchements difficiles, ses traversées douloureuses, ses imperfections et ses incohérences, ce travail traduit les crises et les quêtes des générations de femmes et d'hommes qui, à travers leur parole, participent à l'Écriture.

## À la mesure du monde nouveau

Entre le XIV$^e$ et le XVI$^e$ siècle, le monde est à nouveau en plein bouleversement. De guerres en découvertes, il change de visage et de dimensions. La Guerre de Cent Ans (1352-1453) agite l'Europe de l'Ouest et le Grand schisme d'Occident, en 1400, secoue l'Église. Jean Hus est brûlé à Constance en 1415 et Savonarole, à Florence en 1498. Les Juifs sont expulsés d'Espagne en 1492. Gutenberg imprime la première Bible en 1456. En 1455, on voit la première impression de la Vulgate; en 1488, la première impression de la Bible hébraïque et en 1518, la première impression de la Septante. Érasme (1469-1536), Copernic (1473-1543), Paracelse (1493-1541), Zwingli (1484-1531), Melanchthon (1497-1560), Calvin (1509-1564) contribuent à cette Renaissance, ainsi que la découverte du Nouveau Monde, les Amériques, en 1492, qui fait exploser les limites de la terre et des connaissances. Les artistes prennent la parole : Michel-Ange sculpte la Piéta, Leonardo da Vinci peint la Cène, Dürer, les Passions et l'Apocalypse, Grünewald, le retable d'Issenheim, et Cranach, les portraits de Luther (1472-1553).

Au milieu de ce temps de profonds changements, un homme, un moine, bouleversé par la lecture des épîtres de Paul, traverse une grave crise identitaire. Il prend la parole et écrit quatre-vingt-quinze thèses qu'il placarde un 31 octobre 1517, sur les portes de sa chapelle. Comme Paul, que sa rencontre avec le Christ a conduit hors du judaïsme, la lecture des épîtres conduira Martin Luther (1483-1546) aux bans du catholicisme. Crises identitaires des hommes et des institutions; réformes qui font naître le protestantisme et se transformer le catholicisme; réformes qui mettront au service des Écritures et de la Parole les nouvelles technologies et qui verront fleurir les traductions des Écritures dans les langues des peuples : Tyndale traduit la Bible en anglais, Luther en allemand, Olivétan et Lefèvre d'Étaples en français. Dès 1514, on voit l'impression des bibles polyglottes.

Mises par écrit des traditions orales, choix des écrits retenus par les canons, traductions en langues, les Écritures, avant de rendre compte de faits historiques, rendent compte des crises et des quêtes identitaires de celles et ceux qui se sont laissé interpeler et mettre en route par le Tout Autre. Comme les rêves, comme les contes, les Écritures parlent du devenir humain, de la construction individuelle et collective. Elles sont faites de la même trame et du même tissu que tous les écrits fondateurs de l'humanité, et en particulier les contes. Elles tissent l'histoire de la naissance du sujet, en relation avec l'autre et le Tout Autre.

## Entre Bible et contes

### Il était une fois

Les textes bibliques qui semblent s'insérer le mieux dans la même trame que les contes sont d'abord les histoires deutérocanoniques (voir p. 42) : *Suzanne et les vieillards* (*Daniel* 13), *Bel et le Dragon* (*Daniel* 14), Daniel dans la fosse aux lions (*Daniel* 6, 17-25 et *Daniel* 14, 3ss), *Tobit*.

Certains autres passages pourtant[26], tout à fait canoniques, résonnent en nous comme des contes à part entière.

---

26 Pour des références de passages bibliques, voir p. 133 s.

Ce sont souvent les textes qui figurent dans les livres bibliques pour enfants[27], et ce n'est pas étonnant. Ces mêmes passages ont abondamment nourri les œuvres littéraires, picturales et musicales. Le Premier Testament, avec ses vastes toiles narratives, oniriques et visionnaires, fournit un tissu dense de textes proches des contes merveilleux, des fables, des proverbes, des énigmes. Le Second Testament rejoint les contes de sagesse dans les paraboles.

## Le Royaume des cieux est semblable à...

Les paraboles font partie des contes de sagesse et constituent un terroir particulier. Elles sont très prisées, parce que courtes et circonstanciées, apparemment faciles à transmettre et à entendre, notamment par les enfants. Elles sont quelquefois accompagnées par une « morale de l'histoire » faisant suite au texte (la parabole du semeur). À force d'être représentées, elles courent le risque de perdre leur pouvoir d'évocation. Des générations d'enfants ont découvert les paraboles avec les mêmes images, vignettes ou tableaux destinés à supprimer tout caractère équivoque à l'interprétation.

Les replacer dans les compositions de sagesse, genre littéraire dont elles sont les tenantes, retrouver la dimension de leur oralité et les faire siennes, individuellement et

---

[27]  Il serait assez facile de multiplier et expliciter les exemples. Mais notre objectif est de nous limiter à des textes assez connus qui peuvent rapidement permettre des liens. Les textes que nous avons retenus sont ceux qui étaient évocateurs aussi bien pour des personnes en milieux d'Église ou en milieux théologiques, protestants ou catholiques, qu'en contexte laïque lors des conférences données dans le cadre du CROG (Lausanne), à l'UQAM (Montréal) ou à Ottawa (Paroisse réformée et Université Saint-Paul).

collectivement, pour les dire ensuite en situations, permet de renouer avec le travail intérieur qu'elles provoquaient chez les auditeurs au temps de Jésus, réponses en décalage, inattendues, aux questionnements du quotidien. Comme les contes d'ailleurs. C'est pourquoi il est possible d'établir des liens éclairants entre certains contes et certaines paraboles :

- La maison sur le sable, la maison sur le roc (*Matthieu* 7, 24-27; *Luc* 6, 47-49), évoque l'histoire des trois petits cochons.

- Le cycle des paraboles du Royaume : paraboles du semeur, de l'ivraie, du grain de moutarde, du levain, du trésor et de la perle, du riche insensé (*Matthieu* 13; *Marc* 4; *Luc* 13), renvoie au récit de la sagesse bouddhiste : « Enseigne-moi ce qui ne meurt jamais. »

- La parabole de la pièce retrouvée (*Luc* 15, 8-10) ou la quête du fils prodigue (*Luc* 8, 11-32) fait écho à la quête soufi : « Que cherches-tu Rabya? »

- La parabole du riche et du pauvre Lazare (*Luc* 16, 19-31) fait penser au conte français *Le Festin des morts*.

- Le bon samaritain (*Luc* 10, 29-37) a des liens avec l'histoire bouddhiste des deux moines zen qui traversaient une rivière.

## Motifs et symboles pour des lectures plurielles

### Symboles

Dans le texte biblique, on trouve de nombreux symboles communs aux contes. Ces symboles, comme les motifs, font partie des outils de travail privilégiés en psychanalyse jungienne parce qu'ils expriment en mots et en images l'inconscient individuel, en particulier dans les rêves, et collectif, à travers les archétypes. Un symbole, c'est ce qui dépeint avec d'autres mots des réalités qui doivent cheminer en nous pour que nous puissions les recevoir. Il nous évite le choc et la confrontation brutale avec des réalités qui nous sont étrangères ou irrecevables. Il nous met en lien avec des dimensions qui nous sont étrangères ou peu familières, notre inconscient et l'inconscient collectif. Langage qui parle à notre être le plus intime, le symbole est aussi celui qui nous relie le mieux à notre propre humanité en notre co-humanité. C'est la raison pour laquelle il existe des dictionnaires des symboles. Ces dictionnaires présentent la matrice des lectures plurielles des symboles, à travers le temps et le monde, et nous offrent un espace dans lequel nous inscrire en y ajoutant notre propre voix d'interprétation.

Voici quelques exemples de symboles présents aussi bien dans les contes que dans de nombreux textes bibliques et qui apparaissent aussi dans les rêves : arbres, caverne, colonne, couleurs, couronne, désert, doigts, dragon, épée, étoile, échelle, eau, farine, feu, lait, main, miel, or, ossements, pain, roi, reine, sang, serpent, serviteur, servante, souffle, trône, trompette, valeurs numériques, vigne, vin.

À partir des symboles, Débora Kapp, pasteur de l'Église Évangélique Réformée à la paroisse de Fribourg, en Suisse, et membre de ECPB, a fait une relecture originale et très précieuse du récit évangélique des femmes au pied de la croix puis au tombeau vide, relecture qu'elle partage avec nous dans ce passage infini de la lettre au mot en trois tableaux : Rien à faire, rien à dire; Rien à voir; Souvenez-vous.

## Rien à faire, rien à dire (*Marc* 15, 40-41)

À Golgotha, tout au pied de la croix, une foule bigarrée, des soldats, des passants, des grands prêtres, des scribes. Une foule anonyme, bruyante, agitée. Une foule qui crie des insultes, des moqueries, des blasphèmes; une foule qui ose des gestes de raillerie même.

Aux cris de ces hommes répond le cri, unique, de Jésus en croix, le cri qui le libère d'une agonie ordinairement interminable, le cri de la délivrance.

Et ce cri parvient aux femmes qui sont là, à distance, sans mot, fixant de leur regard la croix. De nombreuses femmes muettes, désormais désœuvrées, sans paroles, sans gestes... Et parmi elles, des femmes connues et reconnues, des femmes nommées : une femme disciple, Marie de Magdala, et deux mères de disciples, l'autre Marie et Salomé. Assistantes qui suivaient et servaient le Maître en Galilée.

Assistance de femmes qui marque ce jour de deuil, assistance de femmes qui ne sombreront pas dans l'oubli. Présences si fortes que l'évangéliste les voit, les reconnaît, les nomme. Femmes muettes dont la parole n'avait aucune valeur, qui pourtant sont à tout jamais témoins-clés dans le témoignage public des quatre évangélistes.

Femmes qui sont, parce qu'elles sont là!
Mais que font ces femmes à la croix?
Elles ne font rien. Elles ne disent rien.
Pas comme ce badaud qui tend une éponge de vinaigre avec cruauté.
Pas comme les gardes et ceux qui sont crucifiés avec Jésus qui insultent le condamné.
Pas comme ce centurion qui confesse sa foi.
Pour elles, il n'y a plus rien à faire. Fini le temps du service...

Plus d'accès possible au souffrant,
plus de gestes adéquats,
plus de paroles appropriées,
pas même un cri, une larme, un soupir, une prière...
L'impuissance infinie devant l'abomination.

Témoins de détresse sans nom, de douleurs sans fin, elles savent qu'il n'y a rien à faire. Quand les recours sont épuisés, quand les révoltes sont écrasées, quand tout a été tenté, et qu'il n'y a plus rien à faire, les femmes au pied de la croix, les femmes au pied de la souffrance infinie, de l'échec et de la mort, savent l'admettre et rester.

Rester et regarder.
Mais quel est leur regard?
Blanc du texte... Pourquoi l'évangéliste ne qualifie-t-il pas ces regards?
Comment admettre des regards qui ne parlent pas?
Regards muets qui renvoient à la conscience, qui reflètent la crucifixion et l'horreur sans nom. Faire face. Recevoir.
Se rendre présent et rendre présent ce qui se passe.
Regard à la jonction entre ce qui se passe au-dedans et au-dehors.
Regard qui donne du poids à l'événement.

Elles regardent à distance, distance dans le temps, distance dans l'espace.

Il est trois heures, il est neuf heures, le temps glisse sur elles, immobiles, hors du temps, mais présentes au cri de délivrance, présentes à l'instant présent, à l'événement fondateur.

Distantes dans un éloignement qui rend témoignage de leur impuissance, de l'impossibilité de faire pression, de changer le cours des choses. Distance de celles qui n'ont pas de solution.

De celles qui savent qu'elles ne pourront pas aller plus loin, que s'arrête là leur assistance.

Le vendredi saint, l'heure n'est pas d'abord aux mains, mais aux yeux. L'heure n'est pas à l'immédiateté ou à la proximité. C'est l'heure à présent de la passivité, de l'inaction, du rien faire, du ne plus pouvoir, de la présence en retrait, du retrait dans la présence... Bien loin de l'indifférence, du détachement, du voyeurisme ou de la complaisance... pour laisser toute la place au cri.

## Rien à voir (*Marc* 16, 1-8)

Comment parler de la résurrection? Les mots se dérobent. L'événement est tellement inouï! D'ailleurs, l'évangéliste le sait bien qui ne se hasarde pas à la décrire. Tout ce qu'il raconte, ce sont les effets sur les premières personnes qui y sont associées. La Résurrection reste en elle-même, dans le récit, un point aveugle, un espace blanc. Allez, il n'y a rien à voir ici.

Marie de Magadala, Marie, Salomé ont fini par détourner leur regard du Calvaire pour voir où le corps était déposé. Puis elles se sont retirées, temps imposé par le shabbat, temps de repos, accomplissement de la création; temps d'intériorisation et d'appropriation, temps de réparation, temps de préparation. Temps de gestation.

Autant la crucifixion était du domaine public, événement exposé à la risée du monde, autant la résurrection est du ressort de l'intime.

Elle se passe dans les entrailles d'un tombeau.

Grotte creusée dans le rocher et fermée par une pierre, le tombeau condense toutes les craintes, toutes les attentes, tous les espoirs pour l'au-delà. Lieu initiatique, lieu de passage mythique, lieu sacré conduisant de l'enfance à l'adolescence, garante de la mémoire, ouvrant sur un monde inconnu investi de tant d'imaginaire. Grotte fermée par une pierre antique et fertilisante, venue de la nuit des temps, et porteuse de mémoire : pierre dressée par Jacob comme une porte vers le ciel, rocher divin porteur de grâce.

C'est là que repose le corps, voilé dans son linceul.

Hier au soir, dès le coucher du soleil, dès la fin du shabbat, elles ont quitté leur intérieur pour se préparer à dévoiler le corps pour l'embaumer.

Ce matin, avec le lever du soleil, le temps est venu d'agir. Les voilà toutes empressées de passer à l'action, accaparées par des questions matérielles. Elles s'activent, les mains pleines, le pas leste, le cœur lourd, certes... mais utiles, pouvant enfin servir à quelque chose! N'est-ce pas ainsi que l'on se résigne à l'inéluctable? Quand il n'y a plus grand-chose à faire, on se raccroche à ce qui peut encore être fait... Un embaumement, comme ici, en bonne et due forme.
C'est tout ce qui reste. Mais c'est au moins cela... Ce sont les gestes de la vie, de la vie de tous les jours, de l'habitude, qui parent à l'imparable.

Une manière aussi de retarder l'après, le temps de la pleine prise de conscience. Éviter le coup de déprime, le blues, le vide, le non-retour. Comment survivre au traumatisme, à la perte, à la séparation? Comment retrouver goût à la vie? Une vie à nouveau désirable, savoureuse, pleine?

Marie de Magdala, Marie et Salomé en route vers le tombeau ouvrent la voie car, sans le savoir, sans le comprendre, sans s'y attendre, elles vont vivre un bouleversement total.
Elles sont venues pour « en finir »
et seront envoyées pour commencer une vie autre.

Elles se retrouveront hors du tombeau, expulsées, hors d'elles...
comme après un enfantement...

Car ce qui est raconté là,
c'est une forme d'accouchement,
le laborieux travail qui précède toute naissance,
un temps de latence, d'attente,
suivi d'un moment intense de transformation,
la douleur, l'agitation, la hâte qui précèdent toute délivrance...
C'est ainsi que nous est évoquée la résurrection.

Marie de Nazareth avait mis Jésus au monde.
Dans une grotte à Bethléem.
D'autres Marie assistent à sa nouvelle naissance.
Dans une grotte à Jérusalem.
Et sa naissance à lui, le premier-né d'entre les morts,
n'en finit pas d'engendrer de nouvelles naissances.

Pulsations de la vie rythmant le récit, battements du cœur...
Inspir[28], souffle de vie qui permet le lever, mouvement de bas
en haut : lever des femmes, lever du soleil, lever des yeux, lever
de la pierre.
Expir, lâcher-prise, abandon : mouvement du dedans vers le
dehors : elles pénètrent dans le tombeau et en sont expulsées,
elles se parlent entre elles, puis une voix les interpelle... Voix
qui les laisse sans voix. Va-et-vient entre le dedans et le dehors,
le bas et le haut.

Elles s'approchent du tombeau et lèvent les yeux, inspir...

---

[28]  Inspir et Expir sont des néologismes utilisés par Débora Kapp et
Véronique Isenmann pour la traduction et le travail de *Qohélet* 3, 1-8,
publié sur le site www.interbible.org en juin 2004. Ces mots expriment
mieux, à notre sens, le rythme du souffle et des mouvements de la cage
thoracique que inspiration et expiration.

Elles passent de l'étonnement du premier regard à l'épouvante qui vient des tripes... et elles sortent, s'éloignent et s'enfuient... expir...

Comment s'étonner que le récit s'achève sur une frayeur, un tremblement, une fuite? Relation juste de femmes vraies.
Pas de joie. Pas d'élan de foi. Pas de sérénité.
Les faits, les gestes, les paroles et les émotions s'entrechoquent... Confusion. De quoi être mis hors de soi. Vraiment...
Elles ne savent plus où elles en sont.

Cela ne ressemble-t-il pas aux balbutiements de la vie qui commence?
Mouvement chaotique du début de la création.
Ce premier jour de la semaine ressemble fort au huitième jour de la création... Création qui commence par un tohu-bohu et qui reprend ici par un autre chambardement.

Et tout cela se passe dans le tombeau :
à la place de ce qui est attendu, surgit l'inattendu;
à la place du corps gisant, un jeune homme remplit tout l'espace par sa parole.

Absence de corps qui les épouvante. Absence de corps qui les oblige à quitter le tombeau, à porter ailleurs leurs regards et leurs soins. Tombeau vide où il n'y a plus rien à voir, parole de mise en route qui les renvoie dans la vie.

Au cœur du tombeau résonne cette phrase essentielle pour dire le comment de la résurrection : « Il vous précède en Galilée. »

En Galilée, parce que c'est là que tout a commencé.
De pertes en retrouvailles,
De fin en commencement,
D'enfantements en enfantements,
« Il vous précède en Galilée. »

## Souvenez-vous (*Luc 24, 1-11*)

DEUIL

Comme les femmes au tombeau, nous savons la violence de la mort, nous connaissons la stupeur que provoque le dernier souffle, nous éprouvons la douleur de sentir le corps raidi et inerte. Comme elles, nous savons combien cela prend du temps pour nous faire à l'idée que tout est terminé.

Il leur a fallu deux nuits et toute une journée pour qu'elles soient prêtes... prêtes à entrer dans le deuil. Entrer dans le deuil, nous le savons, nous l'avons vécu, nous n'avons pas fini de le vivre, c'est réaliser que la personne décédée ne sera plus.

Plus de routes à parcourir avec Jésus, plus de paroles à méditer, plus de guérison à apprécier, plus de repas à partager, plus de regards croisés, de mains étreintes, de sourires complices.

Avec la mort, c'est un monde qui s'écroule. Pour elles, comme pour nous.

L'aimé est inaccessible. Ne reste qu'un corps, gisant, voué à la poussière, destiné à disparaître, à ne plus laisser de traces.

Il en faut du temps, le temps infini du chagrin, pour se laisser déposséder ainsi. Cela coûte beaucoup d'énergie que de se résigner, que d'accepter qu'il en soit ainsi.

Or, il faut en passer par là, si l'on veut avoir une chance de survivre à la séparation définitive. Avec la mort d'un proche, d'un ami, d'un aimé, c'est une part de nous-mêmes qui meurt aussi. La mort s'immisce en nous.

La mort, une fin totale? Vision biblique. La mort, c'est la fin. Point final.

### Transition

Maintenant qu'elles sont entrées dans le deuil, elles peuvent faire l'ultime tâche, rendre le dernier hommage, prendre congé, définitivement.

Elles ont préparé ce qu'il faut : aromates, parfums, linges. Elles se raccrochent à ce qui a permis à tant d'autres de surmonter la séparation.

Le rituel de l'embaumement va les aider à clore l'histoire partagée, à enterrer le passé. Elles y trouvent le courage d'aller vers le lieu où tout s'arrête, où tout est ordonné, figé, pétrifié. Elles sont là pour la fin, l'accomplissement, la fermeture de la vie. Cela doit leur coûter.

Nous savons combien cela fait mal et combien cela coûte de force que d'arriver jusque-là. Jusqu'au cimetière, jusqu'à la tombe, jusqu'au corps.

### Irruption

Mais à la place du gisant, deux êtres de lumière.
À la place du corps, une parole.

Que c'est dur de faire face à de l'imprévu quand on est déjà éprouvé, à bout de forces, à bout de soi.

Les femmes n'en demandaient pas tant.
Elles ne demandaient rien.

Elles n'attendaient rien, n'imaginaient rien, concentrées sur leur ultime tâche, sur leur infime participation.

Mais la résurrection surgit comme un voleur, comme une emprise, comme un arrachement.

Quelle secousse violente.
Quelle brusquerie.

Quelle puissance.

Quel chaos.

Elles ne sont pas ménagées.

Délogées de leur rite.

Dépouillées de leur raison d'être venues.

Tourneboulées, déstabilisées, déplacées.

« Elles ne savaient pas quoi faire. »

On le comprend! Il y a de quoi avoir le souffle coupé, les jambes qui se dérobent, un coup de poing dans l'estomac. La vie ressuscitante est violente, choquante, effrayante.

« Pourquoi chercher le Vivant parmi les morts? »

Quel irrespect vis-à-vis du pouvoir dévolu à la mort.

C'est elle qui est délogée.

C'est elle qui est dépouillée.

C'est elle qui est déplacée.

Comment vont-elles se ressaisir, faire face à l'imprévu, tenir le coup?

« Souvenez-vous! »

Une parole les met en route.

Une parole leur insuffle un nouveau souffle, dénoue la tension, réoriente le cours des événements.

Une parole qui fait appel à la mémoire des femmes :

« Souvenez-vous de ce qu'il vous a dit... »

Se souvenir, faire mémoire.

À la tombe, au tombeau, au mémorial, pierre roulée en souvenir.

En grec, les sonorités aident au décryptage :

tombe, *mnèma*,

tombeau, *mnèmeion*,

se souvenir, *mnèmoneuo*...

Tombe mémorable.

Et elles se souviennent.

Et elles s'en retournent...

Et elles parlent...

Leur mémoire s'éveille
alors qu'elles sont dans le lieu qui fige les souvenirs.
Leur énergie s'éveille au cœur de la mémoire-tombeau,
de la mémoire qui clôt, qui étreint, qui étouffe.
D'une mémoire à l'autre.

De la mémoire qui pèse, écrase, ensevelit, elles renouent avec
la mémoire qui libère, redonne souffle, remet en route. De
la nostalgie au plaisir de se re-mémorer, du ressassement à
l'émergence de sens.

Du tombeau, elles passent au mouvement.

De la tombe, elles retournent en plein air.

C'est le passage de la résurrection qu'il leur est donné de vivre.
À partir du passé, du passé retrouvé, réactivé, revisité.

Immergées dans le souvenir des paroles de Jésus, elles sont
transformées : d'emmurées, elles deviennent mobiles, de
muettes, elles deviennent causeuses, d'êtres de seconde zone,
elles deviennent témoins de premier plan.

C'est là mon incroyable découverte dans l'injonction au tom-
beau vide :
« Souvenez-vous. »
Le tombeau vide comme mémorial de la résurrection.
La mémoire comme matrice de l'espérance.
La mémoire comme source.

La mémoire, fluide, qui coule entre ce qui a été vécu et ce qui
s'offre à vivre. La mémoire qui fait la navette entre le temps
du passé, imparfait,
et le temps du présent, inaccompli. Et le tissu de vie se rallonge...

Cette mémoire, Luc l'a ravivée pour écrire son évangile.
Cette mémoire est invoquée quand est dit le *Notre Père*,
quand sont relues les pages du Vieux Livre,
quand un lien est cherché entre des paroles ancestrales
et notre aujourd'hui.

Mémoire que nous portons en nous.
Mémoire inconsciente de notre enfantement, où nous avons
survécu à la mort du fœtus que nous étions avant de surgir
du ventre maternel.
Mémoire qui nous ouvre à tous les enfantements qui jalonnent
notre existence.
Mémoire de nos premiers pas, de nos premiers mots, mémoire
de l'équilibre que nous avons appris.
Mémoire des premiers mots. Dire et être compris ; mémoire de
l'acquisition de la parole, que nous avons expérimentée.
Mémoires qui nous rendent forts dans chaque nouvel apprentissage.

Mémoires multiples ;
mémoires closes, lourdes, figées qui, au fond,
nous permettent de tenir debout.

La mémoire qui s'est éveillée chez les femmes
dans leur mémorial à Jésus est de cet ordre-là.
Une mémoire qui a souvenir des douleurs et des victoires, des
promesses et des accomplissements, du rite et de l'imprévu.

L'expérience des femmes dans la tombe-mémoire nous invite
à renouer avec notre mémoire vive.
Et ceux qui disent que ce ne sont que radotages sont peut-être
ceux qui ont perdu la mémoire ?

Ainsi se rend présent le Créateur
qui, dans les lieux de mort, appelle à la vie.
Ainsi la mort est-elle traversée par le Vivant.

> Ainsi, dans le périssable, dans l'immaîtrisable, dans le misérable,
> est rendu proche l'Éternel, le Puissant, le Très-Haut.
> Formidable renouveau de la mémoire! Ainsi soit-elle!

## Motifs

C'est le motif d'une œuvre musicale qui lui donne sa trame, sa dynamique, et permet à l'auditeur de se repérer, de prendre ses marques. Le motif donne à la fois la continuité et l'expectative, l'attente du connu dans un monde inconnu. C'est le motif d'un tissage qui donne à la toile son identité et permet de la reconnaître, de l'identifier, de la mettre en lien avec un auteur, une époque, un lieu.

Avec l'évocation du motif, ce sont des pans entiers de notre mémoire qui sont dévoilés, des saveurs qui renaissent, des images, des odeurs qui viennent nous habiter et nous relient à l'invisible, à l'indicible. Le motif est mise en lien avec notre inconscient, mise en réseau et mise en perspective avec l'autre et le Tout Autre. C'est aussi sa fonction dans les contes et le texte biblique. Il est donc possible d'établir des liens entre les motifs dans la Bible et dans les contes.

## Quelques motifs récurrents entre Bible et contes

### Éléments magiques

On appelle « élément magique » un élément qui fait appel au surnaturel, à quelque chose qui du point de vue rationnel est inexpliqué. Il peut s'agir d'objets ou d'animaux qui se transforment ou qui transforment le réel ou les personnages.

## Éléments magiques de transformation

Bâtons changés en serpents, bâtons faisant jaillir des sources, séparant les eaux, eau changée en sang (cycle de Moïse); légende du bâton d'Esculape.

Eau changée en vin (*Jean 2*); légende luxembourgeoise de la fontaine Chagrinsbrunnen; conte roumain *Dieu et les quatre frères*. Ce motif rappelle aussi celui de la paille changée en or (pas en poutre) dans le conte *Rumpelstilchzen* de Grimm.

## Éléments magiques impliquant l'abondance, la fécondité

Sarepta (*1 Rois* 17), le miracle de la veuve et des vases d'huile (*2 Rois* 4, 1-7), le fils de la Sounamite (*2 Rois* 4, 8-27), la pêche miraculeuse, la multiplication des pains; *Le pêcheur et sa femme* (Grimm); le mythe de la corne d'abondance; *Le pot de bouillie* (Grimm).

## Éléments magiques liés à la force, à la puissance

Les trompettes de Jéricho (*Josué* 6); la sacoche, le chapeau, la trompette (Grimm). Les cheveux de Samson; *Raiponce* (Grimm).

## Éléments naturels à surmonter

Montagnes à gravir (*Genèse* 19; *Genèse* 22); *La montagne de cristal* (Grimm). Eaux à traverser (*Genèse* 32; *Exode* 14; *Josué* 3); *Hansel et Gretel* (Grimm). L'histoire de l'enfant Moïse sauvé des eaux (*Exode* 1, 15ss); *Le diable aux trois cheveux d'or* (Grimm).

## Animaux

Très présents dans les récits bibliques, ils peuvent être parlants : le serpent de la *Genèse*; l'ânesse de Balaam; *Le chat*

*botté* (Perrault), *Les trois langages, Le langage obscur* (Grimm).
Ou encore nourriciers : le corbeau d'Élie; le mythe de
Prométhée.

Relevons néanmoins que les chats, dont la portée
symbolique et mythologique est importante (divinisation
des chats en Égypte), sont totalement absents du texte
biblique[29].

## Messagers

Anges, séraphins, chérubins : les visiteurs d'Abraham,
l'Annonciation. Dans la Bible, ils apparaissent souvent en
relation avec un enfantement. Ils annoncent souvent la fin
d'une stérilité (Sarah, la mère de Samson).

Dans les contes, les messagers en relation avec un enfantement sont souvent des animaux ou une goutte de sang ou
une pomme : *Le genévrier* (Grimm), *Blanche Neige* (Grimm).

## Recours aux subterfuges dans les relations familiales

Abraham qui présente sa femme comme sa sœur (*Genèse*
12, 10ss et *Genèse* 20); légende néerlandaise sur Charlemagne,
Amnon et Tamar, *Peau d'Âne* (Perrault).

## Tentations et épreuves

Jésus au désert; *Le péché de l'ermite* (France); *Barbe Bleue*
(Perrault); *Blanche Neige* (Grimm); la légende *Gargantua créa
la Suisse*.

---

[29]   Je rappelle ici que la lecture symbolique met aussi en lumière les ab-
sences, silences et lacunes apparentes dans les textes : absence de chats
dans la Bible, absence de rencontres mère-fille, silence sur la prostitution
dans les contes, etc.

## Capacité à veiller

Parabole des dix vierges (*Matthieu* 25, 1-13); le vol des saris et la danse des bergères (conte Krishna).

## Recherche d'un trésor : retrouver ce qui est perdu

Parabole de la pièce retrouvée (*Luc* 15, 8-10); le conte soufi *Que cherches-tu Rabya?*; parabole du fils prodigue (*Luc* 8, 11-32); *La chèvre de monsieur Séguin* (Daudet).

## Élixir de vie (ou boisson de non-mort)

Les cendres du veau d'or (*Exode* 32, 19-20), le repas pascal (*Matthieu* 26, 26-29; *Marc* 14, 22-25; *Luc* 22, 15-20; *1 Corinthiens* 11, 23-26); *L'eau de vie* (Grimm).

Comme on peut le constater, il existe de nombreux parallèles dans les motifs entre contes ou légendes et le texte biblique. Ces récits témoignent d'une quête qui, en trouvant les mots et les images pour se dire, participe au chant du monde.

# Chapitre 4

# Résonances

## Symboles et motifs pour des textes singuliers

### Le veau d'or (*Exode* 32, 1-19)

Quand les transmissions traditionnelles ne permettent plus de donner sens à un texte en tant que parole pour aujourd'hui, soit parce qu'elles sont tellement liées au contexte qu'il n'est plus recevable pour un lecteur-auditeur du XXIᵉ siècle, soit parce que l'interprétation et les images qu'il suscite ont été tellement figées à travers le temps qu'elles sont devenues mortifères, alors l'écoute des symboles et des motifs apporte un souffle nouveau à la Parole. Ainsi en est-il du récit du veau d'or (*Exode* 32, 1-20). À force d'être présenté comme le symbole du combat contre l'idolâtrie, il n'est plus évocateur et son interprétation trop univoque devient moralisante et non vivifiante. Pourtant, l'évocation des symboles du texte interpelle encore le lecteur et la lectrice du XXIᵉ siècle. Découvrons ensemble quelques-uns de ces symboles.

# De l'or à boire
## La montagne

Moïse et Dieu sont en tête à tête sur la montagne : la montagne est à la fois la hauteur et le centre. C'est ce qui rapproche du divin par la verticalité et le symbole de la manifestation divine. Point de rencontre entre le ciel et la terre, elle est aussi un lieu de stabilité, où rien ne change. Elle est aussi un symbole messianique (*Ésaïe* 2, 2 ; *Michée* 4, 1). La montagne symbolise aussi la proximité de Dieu. Cette symbolique est reprise dans le Second Testament : *Matthieu* 5, 1 ; *Marc* 9, 2.

## Descendre

Le peuple voit que Moïse tarde à descendre de la montagne : descendre, c'est-à-dire retourner dans le concret, dans la vie, dans la réalité, quitter l'espace privilégié de la rencontre avec Dieu. Dans leur discours à Aaron, au verset 1, les Hébreux présentent Moïse comme l'homme qui les a fait monter, c'est-à-dire sortir de leur réalité pour une rencontre avec Élohim. Ce qu'ils exigent, c'est que ce Moïse et cet Élohim tiennent leur promesse, qu'ils soient dans un face à face visible et non pas dans un espace dont le peuple est exclu. Ils veulent Élohim présent, en face d'eux. Mais ils délèguent la possibilité d'être debout face à Élohim à un seul homme, d'abord à Moïse, et maintenant à Aaron : « Lève-toi et fais. » Ils n'envisagent pas d'être debout eux-mêmes, de susciter un renouvellement eux-mêmes.

## L'or

C'est le métal parfait. En particulier dans l'Égypte des pharaons où la chair des dieux est faite d'or. De plus, l'or reflète la lumière céleste. C'est aussi le perfectionnement, le parachèvement des métaux vulgaires; l'or est l'enfant de la nature, il est le fruit de l'évolution de l'embryon. Pour les alchimistes, la transformation en or est une rédemption. C'est, selon Johann Scheffer dit Angelus Silésius, la transformation de l'homme par Dieu en Dieu. L'or est aussi tiré des entrailles de la terre, comme le serpent. Il est donc aussi le dépositaire des secrets les plus profonds et des désirs les plus enfouis. Mais c'est un métal ambigu : il procure le bonheur, la sagesse et le savoir s'il est bien utilisé, mais il provoque la mort (il écrase sous son poids) s'il est mal utilisé. Il est aussi difficile de se le procurer que de bien l'utiliser. Dans notre histoire, l'or, mal utilisé, va amener la mort. L'or est symbole aussi de fécondité. Or, dans le texte, les femmes, les fils et les filles, c'est-à-dire ceux qui sont porteurs d'à-venir, se dépouillent de leur or, donc de leur potentiel de fécondité, de la possibilité d'évoluer du stade d'embryon à celui d'enfant. En se dépouillant de leur or, ils se privent de leur possibilité de porter la vie en avant.

## Boucle

La boucle symbolise le lien, de la ceinture et du nœud. La boucle fermée protège celui qui la porte (autodéfense). La boucle ouverte symbolise une libération. La boucle d'oreilles est aussi un symbole sexuel exprimant la fécondité, boucle signifiant « petite bouche ». La boucle d'oreilles est à la fois une boucle ouverte et une boucle fermée. En donnant leurs boucles d'oreilles, les Hébreux renoncent à la fois à l'autodéfense et à la libération. Ils se privent une fois de plus d'une fécondité possible.

## Veau, Vache, Taureau

Le veau est le petit de la vache et du taureau. La vache est le symbole de la Terre nourricière. En Égypte, elle est le symbole de la fécondité, de la richesse, de la fertilité, du renouveau. Elle évoque le féminin, le cycle de la vie. Elle symbolise la survie et le renouveau, la renaissance. Elle devient donc aussi, dans certaines régions, patronne de la montagne des morts. Or, le peuple voit que Moïse, monté sur une montagne, ne revient pas. C'est une situation de mort apparente qui appelle au renouvellement.

Symbole de puissance, le taureau évoque le masculin, la force créatrice. Il représente Dieu. Mais il représente aussi les forces non maîtrisées, qui peuvent se déchaîner. Dans les civilisations anciennes (Mésopotamie, Égypte, Perse, Grèce, Chypre…), l'Univers et la vie naissent de la fécondation de la Grande Déesse Terre par le Dieu Taureau. Le veau est à la fois conjugaison de ces symboles et en devenir. Il est enfant, il a déjà évolué de l'embryon jusqu'à l'enfant, mais il est encore indifférencié. Il n'est encore ni vache ni taureau. Le travail de transformation et de maîtrise n'est pas encore achevé.

## Veau d'or

En adorant le veau d'or, le peuple projette en dehors de lui à la fois la capacité féminine de fécondité, de re-production, de renouvellement, et la capacité masculine de force créatrice. Les forces fécondes et créatrices ne sont pas en lui mais en dehors de lui. Mais il dit en même temps, tant par le veau que par l'or, qu'il est pris dans une évolution, dans un rapport d'enfant au monde et au divin et qu'une transformation est en route. L'évolution en cours est traduite par le fait que le peuple et Aaron ne se tournent pas vers un autre dieu (v. 4 et 5). Pour eux, le veau d'or est une représentation de Élohim-YHVH qui les a fait monter d'Égypte. Ils n'ont pas conscience d'une trahison. Aleph, la première lettre de Élohim, c'est aussi le taureau. Aaron parle explicitement de YHVH. Le texte ne dit pas que le peuple s'est tourné vers un autre dieu. Il parle d'une projection : le peuple ne croit pas en sa libération (don des boucles), en sa possibilité de fertilité et de créativité. Il ne croit pas en sa propre possibilité de se tenir debout. Il a un rapport non mûri au monde et au divin. Il transfère son potentiel, tout en percevant de manière inconsciente, visible seulement dans les représentations choisies, sa richesse et sa fertilité (veau – or) et son lien avec le divin.

## Fondre

Malheureusement, non seulement le peuple se dépouille de ses attributs d'avenir, mais en plus l'or est fondu, la transformation est inversée. Alors qu'en alchimie, pour arriver au métal parfait, on va transformer d'autres métaux imparfaits ou immatures, dans ce texte, le peuple portait *sur lui* la maturité et la richesse et va transformer et fondre tout cet or. Le verset 8 insiste sur le problème : ils se sont fait une fonte, un veau. Fondre, c'est mélanger. C'est comme le veau, ni vache ni taureau. C'est retourner à un stade de confusion. Le verset 7 exprime bien cette confusion : « Ton peuple a détruit celui que tu as fait monter. » Qui est « celui » : est-ce le peuple, est-ce Dieu? De qui Dieu parle-t-il? De Dieu lui-même?

## Feu

Et la narine de Dieu brûle contre eux (traduction : Dieu est en colère contre eux) : le nez symbolise la clairvoyance instinctive. Dieu « sent » ce qui se passe avant Moïse, qui commence par prendre la défense du peuple, mais qui finira lui aussi par « sentir ». Pour les deux, la narine brûle : le feu est purificateur et régénérateur. Il est le symbole du forgeron, le cousin de l'alchimiste. Le feu libère aussi du conditionnement humain (Élie et son char de feu). Il est purification alchimique (d'où les ordalies). Il est symbole de mort et de renaissance quand il est associé à l'eau. Moïse prend le veau et l'incinère : il ne le fond pas en autre chose, il le pulvérise, il en fait des cendres.

## Cendres

Valeur résiduelle nulle. Les cendres sont opposées à l'espérance eschatologique. Dans un premier temps, Moïse commence donc par réduire à néant, par enlever toute existence, toute valeur, à ce veau qui était le porteur extérieur des espérances du peuple.

## Eau

Mais ensuite Moïse verse ces cendres sur l'eau, symbole du possible infini, de la fertilisation, mais aussi lieu de pureté passive, de révélation. C'est un symbole féminin, qui n'est pas dans l'agir (se dépouiller des bijoux, faire le veau, manger, danser). C'est le lieu des énergies inconscientes, fécondant la terre et les âmes. Et Moïse donne à boire ces « cendres dynamisées » : les boucles d'or, portées par le peuple au début du récit, extérieures à eux, transformées par une fonte (indistinction et confusion), en une représentation

embryonnaire, (le veau), privant le peuple de son potentiel
créateur et fécond, sont réduites par le feu en cendres (valeur
zéro), mais aussi purifiées, « énergétisées » par l'association
du feu et de l'eau et ingérées. La « boucle » est bouclée, mais
à présent, tout le potentiel de vie, de fécondité, de créativité,
tout le rapport au divin (l'or) est ingéré, intériorisé et va
travailler de l'intérieur, énergie fécondante de l'âme. Pour
certains cependant, cette ingestion est mortelle, l'or est trop
lourd, les cendres restent cendres, la mort est au bout. Pour
d'autres, elle signifie un autre dépouillement (*Exode* 33, 6) et
une rencontre collective à la tente du rendez-vous, une autre
boucle, un autre type d'alliance (anneau – boucle – lien).

Ainsi la relecture de ce texte de l'*Exode*, à travers sa
très riche symbolique — et tout en respectant les visions
traditionnelles de prise de position contre l'idolâtrie ou de
passage constitutif de la socialisation d'un peuple et de la
mise en place du monothéisme —, le dévoile-t-elle aussi
dans sa dimension fondatrice pour les femmes et les hommes
du troisième millénaire. En mettant en valeur l'or, les boucles,
le veau, le récit parle de possibilités. En parlant de la cendre,
il parle de transformation née de la confusion. En parlant
de l'eau transformée en potion de vie, il parle de possibles
résurrections intérieures. Par-delà les distinctions nécessai-
res, par-delà les confusions à éviter, il donne une parole de
vie à naître de l'erreur, de l'errance, de la mort.

Relisons maintenant cet épisode de la vie de ces émi-
grés qui viennent d'être expulsés de la matrice qui les avait
recueillis, de ce peuple en devenir, à l'aide des symboles
évoqués ci-dessus.

### En route pour la vie[30]

Voilà à peine quelques semaines qu'ils sont en route. Quelques semaines commencées dans l'exaltation. Enfin libres! Enfin sortis d'Égypte, de ce pays qui avait été autrefois leur refuge, où leur père Joseph avait été un personnage influent. Mais qui, depuis, était devenue leur prison. Terre d'oubli et de peur.

Oubli de la part des Égyptiens, qui se sentaient menacés par ces étrangers. Ces étrangers qui avaient leurs propres coutumes, leurs croyances, leurs célébrations et qui prétendaient continuer à fêter comme du temps où ils étaient nomades. Ces étrangers qui autrefois avaient aidé Pharaon à gérer la famine, mais qui aujourd'hui, quel que soit leur nombre, étaient trop nombreux et mangeaient le pain des enfants du pays. Oubli et peur devant cette minorité grandissante.

Enfin libres, libres depuis trois mois. Remplis de gratitude envers Moïse, Aaron et Dieu, ce Dieu qui était celui de leurs pères mais qui n'avait pas vraiment pu devenir le leur en terre d'Égypte. Libres, à se laisser guider par ces vrais meneurs, par un dieu visible. Colonne de fumée le jour, colonne de feu la nuit. Jours de joie à chanter avec Mirjame. Renaissance.

Trois mois plus tard, que reste-t-il de tous ces espoirs, de ces cris de victoire, de ce Dieu? Désert. Le sable emplit les narines et la bouche, la chaleur du jour n'a de pire que le froid de la nuit; l'absence d'eau, de nourriture, tout est enfer. Que les morsures des fouets égyptiens aujourd'hui paraissent douces à la mémoire! Et les quelques miracles de Moïse, et les rares sources qu'il sait faire jaillir avec l'aide de son Dieu, ne suffisent pas à apaiser la peur.

---

[30]  Une première version de l'histoire du veau d'or en *Exode* 32, 1-19, travaillée à partir des symboles, a été publiée sur le site www.interbible. org en mars 2004.

Oubli, pour les Hébreux... Oubli et peur.

Aujourd'hui, c'est pire que tout. Moïse a dû les oublier, lui aussi. Il est parti. Dieu est parti. On ne voit plus ni l'un ni l'autre. Il ne reste qu'Aaron. Et le coin est terrifiant. Un campement minuscule au pied d'une immense montagne, si haute que sa cime se perd dans les nuages. Et Moïse qui est monté là-haut et ces bruits terrifiants, ce vent qui s'engouffre dans les creux, qui fait résonner les sommets de mille voix. Voilà des jours qu'ils attendent leur retour. Ils ont fait confiance à Moïse, ils ont cru en lui, en son Dieu ; ils en ont fait leur chef, ils ont entendu sa voix, celle de son Dieu et ils se sont levés pour monter hors d'Égypte.

Mais Moïse est monté plus haut, sur le Sinaï, avec son Dieu. Qu'a-t-il à gagner à redescendre ? Dieu et lui sont en tête à tête, ils ne sont plus là, au milieu du campement, ils ne connaissent plus ni la faim ni la soif, tout remplis qu'ils sont l'un de l'autre.

À moins qu'ils ne soient plus ? En tous cas, ils les ont abandonnés. Plus de chef, plus de Dieu, plus rien à quoi se raccrocher. En quoi cela serait-il mieux que la souffrance endurée en Égypte ?

Pauvre petite troupe livrée à elle-même, qui ne peut compter sur personne. Où puiser des forces, de l'espoir ? Il ne reste qu'Aaron, le second. Alors, c'est à lui de prendre tout ce petit monde en charge, c'est à lui de faire en sorte que ça aille. Il faut bien un guide, quand on n'est encore qu'un enfant de la liberté. « Lève-toi et fais. »

Aaron répond « présent ». Il comprend leur désarroi et partage leur quotidien d'attente et de peur. Il accepte la responsabilité qui est lui est confiée. C'est un homme habile, bon négociateur, avec un grand savoir-faire, sur qui Moïse, le petit frère, a pu s'appuyer, celui qui par sa présence rassurante, lui a permis de mener à bien sa mission auprès de Pharaon. Aujourd'hui, Dieu est invisible, Moïse a disparu, l'Égypte est loin et les enfants d'Abraham sont terrifiés. Il faut leur rendre l'espoir. Il faut leur rendre Dieu.

Et il sait comment faire, Aaron. Il suffit que les femmes, les fils et les filles, artisanes et forgerons du monde de demain, lui remettent leurs boucles d'oreilles. Boucles de la liberté retrouvée, arborées depuis la remontée d'Égypte. Don de l'or, qui reflète la lumière divine sur leurs visages, dépouillement volontaire. Sans défense, sans bijoux, abandonnés à Aaron, ils sont encore plus vulnérables. Légèreté dansante des anneaux qui tombent lourdement dans les chaudrons.

Or de la liberté, anneaux mêlés, mélangés, brassés, fondus, confondus.

Et tout à coup, miracle, un veau naît de cet or, un veau, le petit de la vache, le petit du taureau. Un Dieu à leur image, un Dieu en devenir, pas trop grand, pas trop puissant. Promesse de fécondité, promesse de renouvellement, promesse de force. Leur Dieu, l'invisible, celui de toutes les promesses, celui de la fin de l'esclavage, celui-là même et pas un autre, est là au milieu d'eux. Dieu, le dieu des pères, le dieu de Moïse, images de Dieu, visions de Dieu, Élohim, dieu aux visages multiples, fondus, confondus. Dieu à taille humaine, saisissable, visible. De quoi faire la fête.

Mais Dieu, qui ne veut pas être enfermé dans une image, même d'or, Dieu sent que ça ne va pas. La moutarde lui monte au nez. La colère le consume. Il se fâche d'être ainsi délimité, cerné, confondu. Heureusement, Moïse est là, en face à face avec Dieu. Même en colère, Dieu l'entend. Dialogue entre Dieu et l'humain qui dure de génération en génération. C'est que Dieu n'a pas l'habitude d'avoir la charge d'un peuple. En menant les

Hébreux, un peu malgré eux, hors l'Égypte, il a adopté tout un peuple, il en est devenu responsable. Et c'est la première fois. Il aimerait bien renvoyer la patate chaude à Moïse : c'est ton peuple, celui que tu as fait monter d'Égypte. C'est un comble! Mais Moïse, comme Abraham avant lui, n'hésite pas à parler avec Dieu, avec ce Dieu qui se consume d'amour pour cette poignée de gens. Et Dieu entend Moïse, et il comprend.

Mais à mesure qu'il redescend, l'euphorie des sommets le quittant, Moïse sent à son tour la colère le gagner. La fureur court dans ses veines comme un feu. Il veut un peuple à la hauteur.

Alors, il n'entend plus, plus rien d'autre que les cris de fête de la trahison. Il n'entend plus les paroles de Dieu, et il brise les tables des paroles écrites des deux côtés de la main même de Dieu pour son peuple. Et les lettres et les mots sont emportés par les vents du désert. Loi voulue et écrite par Dieu seul et à jamais perdue.

C'est à présent le temps du feu, et ce feu réduit le veau d'or en cendres. Impossible alchimie. Il ne reste presque rien des espoirs mis dans les boucles, dans l'or, dans le veau, embryon d'avenir conçu un jour de grande solitude. Tentative avortée. Il ne reste presque rien de toute cette aventure. Et il suffirait que Moïse ouvre ses mains pleines de cendres pour qu'elles soient emportées, elles aussi, par les vents. Fin.

Mais Moïse mélange les cendres à l'eau, l'eau qui sauve du désert et de la mort. Et l'eau reçoit les cendres et se laisse fertiliser par elles, derniers témoins de tous les espoirs en gestation. Et il donne à boire cette eau fécondée, promesse de renouvellement.

La boucle est bouclée. Mais à présent, le potentiel de vie, de fécondité, de créativité, est ingéré, intériorisé. Le dieu visible, extérieur, est bu, intériorisé. Il devient source de vie au cœur de l'humain. Il travaille désormais de l'intérieur, énergie fécondante de l'âme.

Pour certains cependant, cette ingestion est mortelle, l'or trop lourd. Les cendres restent cendres, la mort est au bout. Pour d'autres, elle signifie un autre dépouillement, un autre type de lien, une rencontre collective à la tente du rendez-vous, une autre boucle. Une nouvelle Alliance, à écrire ensemble.

## Le féminin sacrifié

Le motif du devenir, du cheminement vers la verticalité, est un motif récurrent dans la Bible. Mais un autre motif traverse entre tous la trame biblique, c'est le motif du féminin sacrifié, qui revient lui aussi à de nombreuses reprises : dans la figure de la fille de Jephté sacrifiée par son père (cycle des Juges, *Juges* 11); dans la figure de Tamar violée par son frère (cycle de David, 2 *Samuel* 13); dans la femme du lévite, en *Juges* 19 à 21.

Ce dernier texte est d'une violence rare. Pour certains lecteurs, cette violence est signe des temps et des textes de la première alliance. Mais si c'est le seul sens du texte, le fait qu'il ait été transmis par les communautés et intégré au canon devient incompréhensible. Il n'offre pas de sortie positive dans les chapitres 19 à 21, et sa portée doit être inscrite dans un espace-temps plus large, une lecture communautaire. Remettre le texte dans son contexte au sein du canon est important : quête d'identité du peuple, quête de roi capable de relier au divin, dans les chapitres qui précèdent, et annonce de renouvellement dans les livres qui suivent. Mais cela ne suffit pas. Comme le laisse entendre Natalie

Henchoz ci-dessus, les textes irrecevables sont porteurs de quelque chose de l'ordre de l'inconscient collectif et font intégralement partie des réalités qui à la fois nous fondent et nous dépassent. Ainsi, ils peuvent nous aider à travailler notre part d'ombre, individuelle ou collective, à aborder en conscience ce qui nous anime, sentiments, devoirs, représentations, images de l'humain, images du divin. Les textes difficiles nous confrontent à nos limites et travaillent aussi à notre cheminement et à notre transformation. Ils s'inscrivent dans la lignée des histoires sombres de notre vie, que notre mémoire tente quelquefois d'oublier ou de refouler et qui peuvent s'inscrire au plus profond de nous-mêmes et continuer à nous faire souffrir.

Ces textes bibliques sont en général laissés-pour-compte et ignorés par les lectionnaires. Pourtant, quand nos rêves deviennent cauchemars, ils nous heurtent de plein fouet. Depuis notre expulsion hors de la matrice originelle dans un acte fondateur de naissance à la vie, joie et peur, chagrin et bonheur, larmes et rires se tissent intimement au cœur de notre vie et ne sauraient être dissociés de manière simpliste[31].

---

[31]   Pour le travail de ces textes difficiles en catéchèse, se référer à la synthèse faite par le collectif ECPB, suite à la session d'été 2005 sur le thème *Catéchèse et Imaginaire*, Université Saint-Paul, Faculté de Théologie, p. 27-29.

## Sur la route de Jérusalem[32]

Lecture symbolique du *Livre des Juges*, chapitres 19 à 21

Sur la route de Jérusalem, venant du sud, cheminent un homme, son serviteur, deux ânes et, sur le bât de l'un des ânes, le cadavre d'une femme.

Pas de roi en ce temps-là, des tribus souveraines qui se sont fait leur place plus ou moins pacifiquement. Douze tribus pour les descendants de Jacob-Israël. Les enfants de Léa, Bilha et Zilpa : Ruben, Siméon, Juda, Issacar, Zabulon, Dan, Nephtali, Gad, Aser. Et les descendants de Rachel la bien-aimée : Ephraïm et Manassé, fils de Joseph adoptés par Jacob (*Genèse* 48, 5), et Benjamin.

Pas de roi. Du chapitre 17 du *Livre des Juges* à la fin du chapitre 21, le même cri : il n'y a pas de roi. Trait d'union entre le ciel et la terre, qui concentre sur lui les forces spirituelles, le roi symbolise l'unité et la paix. Il est aussi symbole d'autonomie, de connaissance, de maturité.

L'histoire commence par un manque, un vide : il n'y a pas de roi.

Pas de roi, mais un lévite, un descendant de ce Lévi qui n'a pas reçu de terre en partage. Lévi avait massacré tous les mâles de Sichem pour venger l'honneur à ses yeux bafoués de sa sœur Dina. Sa tribu s'était rachetée pourtant au pied du Sinaï, alors que les frères s'enfoncent dans l'idolâtrie. Lévites dévoués depuis lors au service de Dieu et au culte, pour toutes les tribus.

---

[32]  Je dédie cette relecture à une petite coépouse de quatorze ans dont j'ai croisé le regard plein de larmes le soir de ses noces, au fond d'une brousse. La première version de ce texte a été publié sur le site www.interbible.org en mars 2005.

Cet homme prend pour lui une épouse de second rang, une femme de Bethléem de Juda. Elle vient d'une région de collines ondoyantes où poussent les vignes, les oliviers et les figuiers. Lui habite dans un coin perdu du rude mont Éphraïm. Le texte ne dit pas un mot de l'épouse principale, d'autres coépouses ou d'enfants. Juste cette information : « Il prend pour lui. » De la même manière que ses ancêtres Siméon et Lévi ont pris l'épée pour tuer les habitants de Sichem. De la même manière que les deux frères ont pris Dina, l'ont arrachée à son amour, à la vie qu'elle s'est choisie. Verbe de possession et d'arrachement.

Cette femme « se prostitue contre » lui. Construction unique dans le texte biblique, il indique un problème physique majeur entre eux. Il ne s'agit pas là de prostitution, guère vraisemblable dans le contexte, mais de l'expression d'une répulsion incontrôlée, soulignée par la préposition « contre ». Le terme n'exprime pas une incapacité à se comprendre, mais un profond dégoût physique qui pousse la femme à quitter son mari et à retourner chez son père. Une autre grande dame de l'histoire biblique retourna chez son père, Tamar. Veuve, attendant que la loi du lévirat lui donne un nouvel époux, elle a fini par se prostituer pour qu'on lui rende justice.

Ainsi, avec cette femme qui s'en va, nous parvient l'écho de Dina, arrachée à son amour par son frère Lévi, et celui de Tamar, qui enfantera contre le gré des hommes. Écho de deux destins dont l'un mène à la mort et l'autre, à la vie[33].

Elle rentre chez son père, dans la maison du pain, capable de la nourrir. Et elle y reste quatre lunaisons. Le temps lunaire est le temps qui rythme la vie des femmes et c'est un temps de renouvellement.

---

[33]  Ruth est la descendante de Tamar et l'ancêtre de Jésus, selon la généalogie de Matthieu.

Son mari se lève et la suit (s'en va derrière elle) pour parler à son cœur. Le mariage ne peut avoir de chances que s'il ne s'agit pas seulement d'un acte physique, a fortiori d'un acte violent. Le cœur, siège tout entier de la personne, veut être touché. Et il aimerait « la faire retourner » selon Chouraqui, « la ramener », selon la Bible de Jérusalem. Racine complexe qui exprime à la fois la possibilité d'une restauration, d'un renouvellement et l'idée de remettre à sa place. Vient-il la faire retourner pour la ramener à sa place ou pour un retournement de leur relation, dans une possible nouvelle vie ? Impossible de le savoir pour l'instant. La seule chose que nous sachions, c'est qu'il ne part pas seul. Il prend avec lui son serviteur. Encore une racine complexe ! Le mot pour dire « serviteur » est le même que pour dire « adolescent ». Et les trois mêmes lettres sont aussi celles d'un verbe qui signifie « se secouer », « se libérer en se secouant ». Cet homme en route pour faire revenir sa femme part avec un compagnon de route à son service, qui pourrait lui permettre de se secouer, de se libérer, mais qui porte aussi une part d'immaturité.

Il part avec deux ânes aussi. L'âne est un animal solide et fiable, en particulier en montagne. Il avance lentement et sûrement malgré les difficultés des chemins et symbolise la révélation, comme pour l'ânesse de Balaam (*Nombres* 22). Mais il peut aussi être buté et obstiné et refuser d'avancer. Et c'est aussi le quatrième âne dont il est question dans ce *Livre des Juges* où il n'y a pas de rois !

Ici cependant, il est question d'une paire d'ânes, un groupe de deux animaux attachés ensemble sous un joug partagé. Encore une fois, en moins de trois versets, le texte nous parle d'un problème lourd, qui lie ces deux personnes et pèse sur elles, d'un basculement possible vers un retournement de leur relation, d'une régénération, mais aussi d'un possible entêtement qui conduirait au piétinement ou même au retour en arrière.

Elle le fait venir dans la maison de son père. Jusqu'ici, elle était femme ou concubine, dès ce moment le mot qui la désigne est le féminin du mot « serviteur »! Dans la maison de son père, elle devient son « adolescente », son immature, et peut-être sa servante. Mais adolescente suggère aussi virginité, possibilité de renouvellement.

La rencontre entre eux pourtant ne se fait pas. Son mari, qui était venu parler à son cœur de femme, va rencontrer son père. Pas de paroles ou de dialogue entre le mari et la femme. C'est avec le père qu'il mange, qu'il boit, qu'il dort. Pas d'intimité pour le couple, mais intimité entre deux hommes d'âge mûr (le lévite doit bien avoir 25 ou 30 ans pour assumer les fonctions liées à sa charge). Pas un mot sur leurs adolescents-serviteurs. Le père nourrit son gendre du pain, il parle au cœur de son gendre, il se préoccupe de son bien-être. Et le lévite se laisse toucher par l'insistance de son beau-père pendant trois jours, puis un quatrième et un cinquième. Un temps très long pour une mise en route renouvelée de son couple.

À la fin du cinquième jour enfin, l'homme ne veut plus rester dormir. Chiffre central, nuptial selon les anciens, symbole de mariage entre le ciel et la terre, expression de l'équilibre, représentation des cinq sens, figure du masculin debout, écartelé les bras en croix. Il est aussi la somme du premier nombre pair, féminin, et du premier nombre impair, masculin, exprimant par là une dimension d'indistinct, d'androgyne, et aussi de rencontre entre le masculin et le féminin. Jour 5, riche de possibilités contradictoires : équilibre ou écartèlement, confusion ou union du masculin et du féminin différents.

C'est ce jour-là que, malgré les efforts de son beau-père pour le retenir, il se met en route avec son adolescent, sa paire d'ânes et celle qui à nouveau est dite « concubine ». Mais ils partent bien tard et il est impossible de marcher de nuit. Aussi, à la fin du jour, son adolescent lui propose de quitter la piste pour dormir à Jébus, la future Jérusalem, ville habitée par des gens qui ne sont pas des descendants de Jacob-Israël. Ouverture, possibilité de sortir des sentiers battus, à la rencontre du différent. Son maître n'y voit pourtant pas une piste de renouvellement, mais seulement un signe d'immaturité. Il ne veut pas s'écarter de sa route pour passer la nuit chez des étrangers. Refus qui parle de son incapacité à rencontrer l'autre différent et de sa peur devant l'inconnu.

Le jour descend, le soleil décline. C'est le moment de la fin d'un cycle, mort mais aussi promesse d'un renouvellement possible, moment de nostalgie, suspendu entre passé et avenir. Nos voyageurs aussi suspendent leur voyage. Sur la place de la ville, dans l'attente de l'hospitalité, selon l'usage. Place, lieu ouvert à la rencontre et à l'échange, qui ouvre sur plusieurs issues.

Mais personne ne veut les héberger. C'est dans la deuxième moitié de ce verset 15, à la moitié précisément du chapitre qui en compte 30, au cœur du récit, et dans la sobriété brutale des six mots du texte hébreu, que le drame se noue : « et aucun homme pour les héberger pour la nuit dans une maison ».

Personne pour leur offrir un abri contre les forces de la nuit, un gîte et de la nourriture. Moment de rupture dans la vie de cet homme qui vient de la maison du pain, havre offert par son beau-père. Moment de rupture pour cet homme qui est en route vers sa tente (v. 9), cette tente qui symbolise autant sa propre maison que la Tente de la Rencontre, habitat réservé pour Dieu sur terre. Moment de rupture pour cet homme qui a voulu rejoindre ses semblables et éviter les étrangers et qui se retrouve seul, à la croisée des chemins, sur une place, à la tombée de la nuit, sans abri.

C'est alors que survient un ancien, quelqu'un de chez lui, comme lui étranger parmi ses semblables. Son regard d'ancien se lève vers lui, regard attentif, paroles qui ouvrent au dialogue : où vas-tu ? D'où viens-tu ? La confusion du lévite est tout entière dans sa réponse : « Nous passons de Béit Lehem en Iehouda jusqu'aux confins du mont Éphraïm. Je suis moi-même de là et je vais à Béit Lehem en Iehouda. À la maison de IHVH–Adonaï je vais ; et nul ne m'a hébergé dans une maison » (traduction Chouraqui). Confusion de l'origine, de la destination, confusion du passage.

La certitude qu'il a acquise, c'est qu'il ne veut plus être nourri par d'autres, il veut être le nourricier des siens. Mais il souffre qu'on ne le rassemble pas dans une maison, symbole féminin du refuge, de la protection, du sein maternel, accueil que sa concubine lui a refusé. Et cette fois encore, au cœur de la tourmente, c'est un homme, l'ancien, qui lui offre de l'apaisement et fait du bien à son cœur.

Mais la nuit est arrivée et le cauchemar entre dans la nuit du lévite. La violence et la confusion des sentiments des derniers mois culminent dans la fin de non-recevoir qu'il a vécue tout à l'heure sur la place, qui ne peut que lui rappeler la fin de non-recevoir de sa concubine. Et les démons de la nuit, les fils de Bélial, s'engouffrent dans son univers. Ils veulent l'humilier en le prenant comme une femme, lui qui a pris sa femme et n'a pas su la rencontrer. Moment de tension inouïe dans le texte où cet homme est suffisamment en lien avec son féminin pour entendre la menace de viol proférée par ses frères démons.

Mais l'ancien, celui qui sait survivre aux épreuves du temps, celui qui rentre du travail de la terre, s'interpose, comme s'est interposé le père. Pour que le masculin soit préservé, il ne voit pas d'autre solution que de sacrifier aux démons le féminin,

féminin mature qui fait ses propres choix et féminin vierge adolescent, dépendant du père. Les démons pourtant ne s'adressent pas à l'ancien et ne l'entendent pas. C'est du lévite qu'ils veulent un sacrifice. Et de fait, quand le lévite sacrifie sa concubine, ses démons s'apaisent envers lui.

Son choix est fait maintenant, il a basculé dans le conservatisme patriarcal et dès cet instant, il agit selon des lois ancestrales qui mènent de la haine à la guerre, qui font s'affronter les hommes et sacrifier au passage les femmes et les enfants. Parce que son monde a basculé, les mots du texte changent. Il est désormais « le maître » de sa concubine, et il n'est plus question qu'il essaie de la rejoindre. Au contraire, quand il se lève, le matin, pour reprendre seul sa route et qu'il la voit affalée sur le seuil, pour la première fois du récit, il s'adresse à elle de toute sa hauteur pour lui donner un ordre : « Lève-toi, allons! »

La distance entre eux est désormais infranchissable dans ces mots jetés sur elle, lui debout, elle couchée sur le sol. Il est trop tard, désormais, la possibilité d'une rencontre entre eux est morte. Elle est morte, sa servante. Et il ne lui reste plus qu'un seul âne qu'il charge du cadavre. Le joug est brisé, mais aussi le lien qui fait avancer ensemble. Le poids commun a disparu, mais aussi le partage du poids, et le poids de la morte pèse sur son seul âne.

Alors, il ne lui reste plus qu'à partager la souffrance de la perte en la semant à travers tout le pays. Souffrance intolérable qui a besoin d'un bouc émissaire, faute impardonnable qu'il fait partager à toute la fratrie. Guerre impitoyable dans la maison de Jacob, menacée dans son intégrité.

Le féminin sacrifié, d'où peut encore surgir un avenir dans lequel le masculin et le féminin se retrouveraient de manière féconde? Certes pas du rapt des vierges au chapitre 21! Ce chapitre clôt aussi le *Livre des Juges*, triste issue pour un livre qui compte tant d'histoires proches des contes et qui nous offrent tant de fins difficiles. L'histoire semble se répéter sans fin et sans espoir d'en sortir.

Pourtant, la promesse de rencontre et d'avenir, la capacité à prendre du temps et du recul, celle d'inviter le masculin dans le cycle féminin, celle d'écouter le féminin en souffrance, la promesse d'une mise en route commune, du partage des poids, toutes ces promesses sont inscrites en germe dans le texte.

Mais le roi n'est pas là et Dieu est mis à l'abri dans sa tente. Double absence qui ne permet pas de laisser les souffrances se transformer en vie. Dieu absent des maisons des hommes ne peut aider à la venue à la conscience des souffrances pour les transformer en relations, les unifier, les pacifier, les rendre à maturité et en faire naître du nouveau. Les humains restent écartelés sans possibilité de restauration.

Bientôt pourtant, se lèvera une femme étrangère, Ruth, la Moabite, qui viendra habiter au milieu du peuple et sa rencontre avec un fils du peuple sera féconde. Bientôt pourtant, un enfant-prophète entendra la voix du Seigneur, Samuel, qui restaurera son Dieu au milieu des siens et oindra le roi[34].

Temps de violence dont naît, même difficilement, un temps de fécondation et d'enfantement pour le salut du monde.

---

[34] Selon les traductions et les traditions, dans les différentes versions de la Bible, le *Livre des Juges* est suivi soit par le *Livre de Ruth* soit par *Le premier livre de Samuel*.

## La part de l'ombre

Il n'en demeure pas moins que le féminin, la part réceptive de la semence de vie, capable d'enfantement après l'engendrement, est violé et qu'il en meurt. La lecture symbolique permet le travail intrapsychique[35], la rencontre des parts d'ombre du masculin et du féminin, le difficile équilibre du côte à côte entre les besoins du masculin et les attentes du féminin, les affrontements intérieurs qui conduisent à la souffrance, à l'automutilation, à la dépression. De ce fait, elle éclaire dans la trame du texte des motifs dans lesquels nous nous reconnaissons. Cette histoire en devient d'une époustouflante modernité.

## La médiation du tiers

Ces textes difficiles éclairent aussi d'un jour nouveau l'importance du tiers, de l'autre qui ouvre à une nouvelle dimension, qui donne une autre impulsion et qui permet de sortir de l'enfermement. Le tiers, l'inattendu qui rend les impossibles possibles, est omniprésent dans les contes. Et il est fondamental dans le Second Testament.

Dans le récit des noces de Cana, alors que Jésus est encore inscrit dans un lien étroit avec sa mère, Marie échappe à la tentation de toute-puissance auprès de son fils et le fait naître à sa mission de Messie, en faisant appel aux serviteurs. Dans cet instant fragile et dense, où Marie pourrait le garder

---

[35] Dans les contes, les personnages du récit symbolisent les différentes facettes de la personnalité, des personnages ou des instances intérieures. La lecture intrapsychique de ce texte de *Juges* 19 consiste à considérer tous les personnages et épisodes du récit comme les différentes composantes de la vie intérieure du lévite.

pour elle et le soutenir dans sa tentative de dérobade, elle fait appel au tiers.

La mère de Jésus lui dit : « Ils n'ont pas de vin. » Jésus lui dit : « Qu'y a-t-il pour moi et pour toi, femme? Mon heure n'est pas encore arrivée. » Sa mère dit aux serviteurs : « Tout ce qu'il vous dira, faites-le » (*Jean* 4, 3-5).

Ce passage du deux au trois ouvre Jésus à sa mission et fera de lui le tiers, le médiateur par excellence. C'est aussi ce travail de médiation qui est pleinement à l'œuvre dans la scène entre Marthe et Marie à Béthanie.

### Une autre montée sur la route de Jérusalem (*Luc* 10, 38-42)[36]

*Comme ils étaient en route, il entra dans un village et une femme du nom de Marthe le reçut dans sa maison. Elle avait une sœur nommée Marie qui, s'étant assise aux pieds du Seigneur, écoutait sa parole. Marthe s'affairait à un service compliqué. Elle survint et dit : « Seigneur, cela ne te fait rien que ma sœur m'ait laissée seule à faire le service? Dis-lui donc de m'aider. » Le Seigneur lui répondit : « Marthe, Marthe, tu t'inquiètes et t'agites pour bien des choses. Une seule est nécessaire. C'est bien Marie qui a choisi la meilleure part; elle ne lui sera pas enlevée. »* (version TOB)

Jésus est en route pour Jérusalem (*Luc* 9, 31ss). Il vient de raconter l'histoire du bon Samaritain qui descend vers Jéricho, alors que lui est en train de monter vers Jérusalem. Vient-il de Jéricho, sise à vingt-sept kilomètres au nord-est de Jérusalem? A-t-il fait ce détour en venant de Samarie? La route est difficile, en dehors même de tout brigandage, qui mène de la ville la

---

[36] Texte publié sur le site www.interbible.org en septembre 2004.

plus basse au monde, à environ deux cent cinquante mètres au-dessous du niveau de la mer, à Jérusalem, à plus de mille mètres d'altitude, une dénivellation de plus de mille deux cents mètres sur moins de trente kilomètres.

Dans la Bible, les localités, entourées de murailles et abritant la population, peuvent être comparées à des mères abritant dans leur sein leurs enfants. Jésus, qui vient avec ses disciples de vivre la difficulté d'être accueilli dans certaines villes, est en montée vers la Jérusalem terrestre, engendrant par la chair, mais aussi vers la Jérusalem d'en haut, mère qui engendrera par l'esprit (*Galates* 4, 26). Dans cette montée, et comme pour reprendre des forces avant les épreuve qui l'attendent, Jésus entre dans le village de Béthanie, d'après *Jean* 11, 1, et dans la maison de Marthe. La maison symbolise elle aussi le refuge et le sein maternel, l'être intérieur et les mouvements de l'âme assimilés aux déplacements dans une maison, entre cave et galetas. Il y a une proximité de racine en hébreu entre le mot *bait*, maison, et le mot *bat*, sœur utérine, habitante d'une ville.

Ainsi, racontant la descente du bon Samaritain et la montée de Jésus, le texte de Luc dit la capacité de Jésus à gravir les difficultés pour faire descendre Dieu sur terre et à affronter la descente aux enfers pour faire monter l'âme vers Dieu. Et il dit dans le même temps, de manière plus inconsciente et plus secrète, le besoin impératif de Jésus de se ressourcer, de trouver refuge pour laisser à son âme la possibilité de se nourrir : montée vers Jérusalem, mère spirituelle, arrêt au village, pause dans la maison de « sa sœur » Marthe. Et si Luc ne fait pas mention de Béthanie dans ce texte, c'est ici qu'il placera le récit de l'ascension au chapitre 24, c'est de là que le Ressuscité descendu aux enfers montera auprès du Père.

Marthe reçoit Jésus chez elle. Elle l'accueille dans sa propre maison, ce qui indique qu'elle est une femme indépendante, maîtresse de sa vie et gérant ses propres biens. Cela est encore renforcé par son nom, Marthe, prénom unique dans la Bible et qui signifie « dame », « maîtresse ». Elle a un frère, Lazare, et une sœur, Marie. Dans l'évangile de Jean (chapitres 11 et 12), Lazare meurt et Jésus le ressuscite après l'une des plus belles déclarations de foi de l'évangile, faite par Marthe.

Marthe est la femme qui va au-devant des gens et des choses, qui dit ce qu'il y a à dire, qui fait ce qu'il y a à faire et qui le fait avec une confiance inébranlable en la vie et en Dieu. Elle est capable d'affronter la réalité de la mort et de croire que tout est possible. Et Jésus l'aime beaucoup (*Jean* 11, 5). Ce qui place aussi leur dialogue sous un autre éclairage : ils sont amis et se parlent avec toute la franchise de l'amitié.

Marthe reçoit Jésus chez elle et c'est un peu le branle-bas de combat. Il y a tant à organiser, c'est un service compliqué. Sans doute que l'intendance n'est pas facile avec tous ces gaillards qui débarquent, qu'il faut fournir en eau pour la purification (avec cette eau qu'il faut aller puiser), nourrir et peut-être loger. Combien sont-ils ? À peine un peu plus tôt, il est dit que Jésus a nommé soixante-douze nouveaux disciples. Sont-ils tous avec lui ? Sans compter les voisins qui viennent certainement voir ce qui se passe... On peut se faire une petite idée de l'agitation qui devait régner dans cette maison ! En tout cas, d'après Luc, la situation à laquelle Marthe est confrontée est suffisamment compliquée pour en faire mention explicitement.

Marthe accueille Jésus et sa suite en toute liberté, présente et attentive, incarnant ce Samaritain dont Jésus vient de parler. La parabole se terminait par un envoi : « Va », et tous se sont mis en route. L'arrivée à Béthanie est un peu comme la continuation d'un chemin entrepris à partir de la question : qui est mon prochain ? Dans son histoire, Jésus affirmait la proximité de celui qui a pris soin, en toute liberté, du blessé. Non pas de celui qui écoute la parole et réfléchit à son sens, et non pas celui qui la transpose dans le quotidien sous forme de lois et de règlements, mais de celui qui fait ce qu'il y a à faire au quotidien.

À présent, le voilà réfugié chez Marthe, efficace à lui offrir un abri, un temps et un espace de repos, qui fait ce qu'il faut. Et voilà que Jésus renverse tout : Marthe prend soin de Jésus et Marie écoute, mais la bonne part revient à Marie. Alors quoi?

Avec Jésus, jamais de règles de comportement définitives ou d'enfermements! Il faut s'attendre à tout moment à être bousculé! À ce moment précis, le bousculement vient du questionnement même de Marthe. Elle fait ce qu'il faut, mais elle dit aussi ce qu'elle pense. Et ce qu'elle pense ne s'adresse pas à Marie, mais bien à Jésus : « Est-ce que cela ne te fait rien que ma sœur me laisse seule à faire le service? Dis-lui de m'aider! »

Voilà qui est inhabituel : une maîtresse femme libre qui demande à un homme étranger à son foyer de se mêler d'affaires non seulement domestiques mais encore familiales! Un signe de plus de l'amitié qui les lie, mais aussi de la liberté de cette femme qui ne craint pas d'apparaître sous un mauvais jour, qui ne craint pas d'exprimer clairement son mécontentement et ses attentes, qui ne remâche pas sa rancœur dans son coin, mais qui exprime son insatisfaction et sa frustration. Une femme qui sait dire quand elle a besoin d'aide et quand elle pense que son invité accapare trop l'attention. Elle ne craint même pas de passer pour une mauvaise hôtesse ou une sœur jalouse. Merveilleuse Marthe, franche, fidèle et directe, même devant son ami, son invité.

Mais pourquoi ne s'adresse-t-elle pas à Marie? Apparemment, elle ne pense pas que cela serve à quoi que ce soit. S'est-elle aperçue que Marie est sans doute follement amoureuse de

Jésus, comme le suggère le texte en mentionnant qu'elle s'installe à ses pieds, comme Ruth aux pieds de Booz?

Marthe en tout cas voit sa sœur écouter la parole de Jésus. Elle est entièrement absorbée. Parole singulière et écoute unique, si chères à ce peuple juif, en écho au « Écoute Israël » ouvrant les Dix Paroles. Parole qui implique un engagement de toute la personne et de la communauté dans l'écoute, une disponibilité intérieure en lien avec le divin et une capacité d'obéissance. Écouter Jésus, c'est aussi revisiter les Dix Paroles de manière renouvelée.

Marthe semble penser que seul Jésus peut arracher Marie à sa méditation, à sa contemplation, à son recueillement et rendre Marie au travail domestique. Avec son interpellation, elle paraît dire que seul Jésus captive Marie et l'empêche de faire ce qu'elle doit. Marthe renvoie Jésus à ses responsabilités : « Cela ne te préoccupes pas? » Elle ne parle pas à sa sœur.

Là où la lecture traditionnelle voit d'abord de la jalousie, je suis frappée par l'absence de relation et de dialogue, et l'incapacité de Marthe à accorder à Marie le statut de vis-à-vis et à lui demander quoi que ce soit.

La relation directe entre sœurs, sans médiation, est aussi un cheminement qui ne va pas sans difficulté. Dans un monde où les femmes sont quantité négligeable, en rivalité face aux hommes pour trouver un époux (qu'on se souvienne de Rachel et Léa), puis pour lui donner des enfants, où trouveraient-elles des clés pour développer leur relation? Comment pourraient-elles être interlocutrices?

Et pourtant, étant sœurs, tout le monde s'attend à ce que leur relation soit facile et leur proximité naturelle. C'est aussi dans ce sens que va l'évangéliste Jean, au chapitre 11, qui met les mêmes mots dans leur bouche après la mort de leur frère.

Et pourtant, tout un chacun trouve normale la rivalité qui les oppose; chacun s'attend à ce que l'une fasse mieux que l'autre. Notre regard de lectrice aussi compare et prend partie. Et en plus, Jésus semble nous donner raison!

Stop! Pas si vite! Jésus s'adresse à Marthe et seulement à Marthe : « Marthe, Marthe », répétition d'affection destinée à se faire vraiment entendre. « Tu te fais du souci pour beaucoup de choses et tu es agitée. » Cette phrase révèle à nouveau leur complicité. Jésus prend en compte que Marthe se fait du souci pour lui, pour l'avenir.

Et en même temps, il lui fait entièrement confiance. Il la croit capable de comprendre ce qui est en jeu. Et il la croit capable de cesser momentanément de faire ce que toute femme responsable ferait, à savoir s'occuper de sa nichée, pour s'asseoir et mettre son énergie à une écoute active de la Parole. Il la croit capable d'abandonner toutes les conventions et toutes les contraintes intérieures pour rejoindre sa sœur et la rencontrer autour de la Parole. Il fait appel à toute son intelligence et la sait capable de mobiliser une vision totalement différente de son monde, de son quotidien. Il sait qu'elle fait ce qu'il faut tous les jours et il sait qu'elle sait aussi faire autrement et poser les priorités autrement. Il met aussi l'accent sur son angoisse, cette angoisse qui coupe des autres et ne rapproche pas. En toute amitié, il lui suggère de retrouver confiance, de ne pas se laisser déborder par les soucis et de le rejoindre dans ce temps de pause. Car c'est bien de cela qu'il s'agit. Il ne s'agit pas que Marthe se transforme en Marie, il ne s'agit pas qu'elle cesse de faire ce qu'il faut. Il s'agit ici et maintenant, dans ce temps de cheminement et de montée, de savoir s'arrêter pour reprendre des forces, dans une proximité unique et un partage possible malgré les différences. Il s'agit qu'elle puisse rencontrer en sa sœur une adulte différente, qui fait et assume ses choix.

Un texte de rivalité entre sœurs? Un conflit dans lequel nous aurions à prendre position? Jésus souligne à la fois la différence des deux sœurs mais aussi la proximité de leur quête. « *Merimnas* » (tu te fais du souci) et « *merida* » (la part qui revient à Marie), ces deux mots ont des sonorités communes et commencent de la même manière, esquisse d'une mise en route commune.

La suite du chemin est difficile, la route est raide, le danger de comparaison, de rivalité toujours présent, mais aussi en germe le respect de la différence et la possibilité de découvrir l'autre dans ses propres choix. Cela ne va pas de soi que de sœurs de sang elles deviennent sœurs de cœur. Mais le médecin Luc, en choisissant de rapporter dans les versets suivants les paroles de Jésus sur la prière au Père, propose l'ouverture à un dialogue authentique : « Demandez et l'on vous donnera. »

L'attention aux symboles et aux motifs (montée/descente, maison, sœur/frère), l'attention à leur présence ou absence dans les autres passages des évangiles qui parlent de cette famille, dans les passages qui précèdent et suivent cette rencontre, sort le texte d'un cloisonnement réducteur dans lequel chaque personnage est stylisé et relié à une fonction spécifique. Cette attention le démaillote d'une lecture sans nuances et toute en jugements par tout ou rien.

Mais se pose alors une interrogation majeure : dans les contes, les personnages sont justement stylisés pour permettre l'identification et favoriser le développement de la personne. Or, le texte biblique nous parle de femmes et d'hommes dans toute leur complexité. Quelle que soit leur réalité historique, elles et ils ne sont jamais simplifiés. Même

Jésus, qu'il serait facile de styliser parce qu'il est unique et qu'il symbolise un idéal, est présenté dans les évangiles dans toute sa complexité, à la fois pleinement Fils de l'homme et pleinement Fils de Dieu. Les femmes et les hommes de la Bible sont imprévisibles, capables en tout temps, simultanément, du meilleur et du pire. Et ce sont justement les symboles qui font émerger la complexité des liens et la densité de la trame de la vie. C'est précisément la lecture des symboles et des motifs qui transforme les personnages de la Bible en êtres de chair et d'os, les histoires bibliques en histoires de vie.

Est-ce à dire qu'il n'y a pas de contes dans la Bible? Est-ce à dire que les personnes rencontrées dans la Bible perdent quelque chose de l'universalité des personnages de contes mais gagnent en humanité incarnée? Est-ce à dire que les contes, pour transformateurs qu'ils soient, ne rejoignent qu'indirectement la « vraie vie »?

À vrai dire, les symboles et les motifs font justement leur travail de transformation, sur le plan individuel et sur le plan collectif, au niveau inconscient et au niveau conscient, à travers cette circulation entre personnages et personnes. Parce que les symboles ne sont en soi ni positifs ni négatifs, ils sont porteurs de toutes les possibilités. Adam, par exemple, a peut-être été une personne de chair et de sang, mais il a traversé les âges en tant que personnage biblique et figure symbolique. En tant que figure symbolique, il habite nos imaginaires. Et pour que ce masculin archétypique[37]

---

[37]   Dans le langage courant, l'archétype est une forme qui sert de modèle. Chez Jung, l'archétype est le contenu de l'inconscient collectif qui se traduit dans les productions d'un peuple ou l'imaginaire individuel.

participe à la construction identitaire d'une femme du
XXI^e siècle, à la construction des relations hommes-femmes
dans ce nouveau millénaire, il lui faut reprendre chair et vie
et entrer, à travers les symboles, dans un face-à-face et un
côte-à-côte fécondants.

C'est précisément l'enjeu de la mise en travail entre contes,
psychanalyse et Bible : tenir la tension et la circulation
entre les pôles de la construction identitaire individuelle et
collective. Que les personnes, acteurs et conteurs qui ont
vécu, transmis par oral, mis par écrit les récits de vie qui les
fécondaient, résonnent en nous comme des personnages
qui enchantent l'Histoire et qu'à leur tour ces personnages,
quand ils sont racontés aujourd'hui, nous rejoignent en tant
que personnes et transforment nos vies, dans une rencontre
avec l'autre et avec le Tout Autre.

« On croit souvent que le terme "archétype" désigne des images ou des
motifs mythologiques définis. Mais ceux-ci ne sont rien d'autre que des
représentations conscientes [...] L'archétype réside dans la tendance à
nous représenter de tels motifs, représentation qui peut varier considé-
rablement dans les détails, sans perdre son schème fondamental [...]
Les archétypes sont donc doués d'une initiative propre et d'une énergie
spécifique. Ils peuvent aussi, à la fois, fournir dans la forme symbolique
qui leur est propre, une interprétation chargée de sens, et intervenir
dans une situation donnée avec leurs propres impulsions et leurs propres
pensées. [...] Ils vont et viennent à leur guise, et souvent, ils s'opposent
à nos intentions conscientes ou les modifient de la façon la plus embar-
rassante. On peut percevoir l'énergie spécifique des archétypes lorsque
l'on a l'occasion d'apprécier la fascination qu'ils exercent. Ils semblent
jeter un sort... L'expérience archétypique est une expérience intense
et bouleversante. Il nous est facile de parler aussi tranquillement des
archétypes, mais se trouver réellement confronté à eux est une tout autre
affaire. La différence est la même qu'entre le fait de parler d'un lion et
celui de devoir l'affronter. Affronter un lion constitue une expérience
intense et effrayante, qui peut marquer durablement la personnalité. »
(C.G. JUNG, *L'homme et ses symboles*, Paris, Robert Laffont, 1964, p. 67ss.)

Ce que dit Jean-Noël Pelen à propos du travail des contes est tout aussi éclairant pour les récits bibliques et a fortiori pour le travail Entre Contes, Psychanalyse et Bible :

> Le sens des contes est inépuisable et les angles de lecture pluriels : à l'envie de construire une nouvelle cathédrale interprétative, il est préférable, pensons-nous, de construire des passerelles entre des perspectives qui, tout en gardant leur originalité, parviennent, dans une analyse ouverte, à s'enrichir et à se modifier au contact des autres[38].

## Aux sources du conte biblique

Qu'est-ce alors qu'un conte biblique? Ce sont tous les récits de la Bible qui, lorsqu'ils sont racontés, entrent en résonance avec la vie, celle d'aujourd'hui, par la médiation des motifs et des symboles, et à travers une langue qui fasse entendre les Écritures comme une parole de vie pour notre temps. Rigoureuse et exigeante mise en travail des récits pour faire naître les contes. Et parce qu'ils peuvent vivre leur vie propre, quelquefois indépendante de la matrice biblique qui les a mis à jour, ils invitent en retour à un regard renouvelé sur le texte.

A priori, toute l'Écriture peut ainsi devenir Parole contée. Mais dans la matrice biblique, certains passages sont plus propices à cette mise en lien avec le Tout Autre, parce que leur forme est déjà narrative. Je propose une liste de quelques-uns de ces passages[39], à tendre dans les pages à

---

[38] André PETITAT, *Contes : l'universel et le singulier*, Lausanne, Payot, coll. Sciences Humaines, 2002.

[39] Avec quelques pistes de mises en résonance pour ceux qui me paraissent moins connus ou m'habitent le plus, comme les passages des *Juges*.

venir sur le métier du conte pour la joie des oreilles et du cœur!

## Textes narratifs dans le Premier Testament
### Le cycle des Patriarches

*Genèse* 19            Sodome et Gomorrhe et la femme de Lot transformée en statue de sel

*Genèse* 25, 29-34 L'histoire d'Ésaü et Jacob, le plat de lentilles

*Genèse* 27            et l'usurpation de la bénédiction

*Genèse* 32, 23-33 Le combat de Jacob avec Dieu

*Genèse* 38            Tamar et Juda

*Genèse* 37 – 48    Le cycle de Joseph

### Le cycle de Moïse

*Exode* 7, 3-10      L'enfant Moïse sauvé des eaux

*Exode* 12, 29-34  Les plaies d'Égypte

*Exode* 14, 15-29  La traversée de la mer Rouge

*Exode* 16            La manne et les cailles

*Nombres* 21, 4-9  Le serpent d'airain

### Les cycles des Juges

*Juges* 11, 29-40  L'histoire du vœu de Jephté qui nous renvoie à d'autres récits de filles sacrifiées, comme Iphigénie ou *La jeune fille sans mains*, et aux histoires de « pont du diable » et de Méphistophélès.

*Juges* 13 – 16    L'histoire de Samson est merveilleuse à plus d'un titre : la naissance miraculeuse de Samson (un couple stérile où la femme pourra enfanter après un régime alimentaire précis); l'histoire de la devinette (« De celui qui mange est sorti ce qui se mange et du fort est sorti le doux ») qui rappelle l'énigme posée par le Sphinx; l'histoire de Dalila et de la puissance de Samson qui réside dans ses cheveux; sa mort salutaire (il renverse les colonnes du Temple). Par ses défis et ses rebondissements, son histoire rappelle aussi celle d'Hercule. Par la fragilité de son héros, elle s'apparente à celle d'Achille.

## Le cycle de David

*1 Samuel* 16 – *1 Rois* 2    Le cycle de David est une histoire à tiroirs, si riche en rebondissements, en motifs et en symboles, qu'il contient un grand nombre de perles prêtes à transformer nos rapports à la quête héroïque, la quête du Soi, nos rapports père-fils, nos rapports masculin-féminin. En particulier, l'épisode de David et Goliath rappelle différentes histoires telles que : *Cinq pierres et une fronde, Le vaillant petit tailleur*, chez Grimm, *L'ogre et la bête*, méconnue en France ou encore *Tom Pouce*, chez Grimm.

## Les cycles d'Élie et Élisée

*1 Rois* 17    Élie et la veuve de Sarepta, les corbeaux qui viennent nourrir Élie, la vieille qui accueille l'étranger, le pot de farine et la jarre d'huile qui ne désemplissent plus, la résurrection de son fils.

*2 Rois* 2 – 6    L'ascension d'Élie et le manteau d'Élisée (*2 Rois* 2), le miracle de la veuve et des vases d'huile (*2 Rois* 4, 1-7), le fils de la Sounamite (*2 Rois* 4, 8-27 et *2 Rois* 8, 1-6), le potage empoisonné (*2 Rois* 4, 38-41), la multiplication des pains (*2 Rois* 4, 42-44), la hache (*2 Rois* 6, 1-7), l'histoire des lépreux.

## Autres

Le récit de Jonas, les récits d'Esther, l'histoire de Job, l'ânesse de Balaam, Belsatzar et la main qui écrit sur le mur (Daniel 5), etc.

## Textes narratifs dans le Second Testament

*Matthieu* 1 – 2    Les récits de la Nativité et les textes sur l'enfance de Jésus

*Luc* 1 – 3

*Matthieu* 4, 1-11  La tentation de Jésus (voir aussi *Luc* 4, 1-13)

*Jean* 2, 1-12      L'eau changée en vin

*Matthieu* 4,18-22 La pêche miraculeuse
                   (voir aussi *Marc* 1, 16-20; *Luc* 5, 1-11;
                   *Jean* 21, 1-11)

*Matthieu* 14,3-12 la multiplication des pains
                   (voir aussi *Marc* 6, 30-44; *Luc* 9, 10-17;
                   *Jean* 6, 1-15)

*Actes* 9, 1-18     Saul sur le chemin de Damas

*Actes* 10, 9-16    La vision de Pierre à Joppé

Ainsi que les nombreux récits de rencontres avec Jésus : Bartimée (*Marc* 10, 46-52), Zachée (*Luc* 19, 2-10), la femme adultère (*Jean* 8, 3-11), la Samaritaine (*Jean* 4, 4-42), etc.

## Rêves et visions

Les récits de rêves et de visions sont très nombreux dans la Bible. Parmi eux, des rêves faits par les héros eux-mêmes, qui les avertissent de leur destin, les mettent en route :

Genèse 28, 10-22  Le songe de Jacob

1 Samuel 3        Le jeune Samuel au Temple

Matthieu 1, 18-21  Les rêves de Joseph, père de Jésus
                   (voir aussi Matthieu 2, 13-14)

Luc 1, 5-25        La vision de Zacharie
                   (voir aussi Luc 1, 57-65)

D'autres rêves sont faits par « le roi » et interprétés par le héros, qui symbolise la conscience du « roi » :

Genèse 41          Les songes de Pharaon dans le cycle de
                   Joseph : vaches grasses et vaches maigres

Daniel 2           Le songe de la statue avec Nabuchodonosor

Le canon biblique a aussi retenu des livres entiers de visions : les livres prophétiques et l'Apocalypse (Michel et le Dragon).

Le canon biblique déploie ainsi la palette infinie des représentations du visible et de l'invisible à travers des récits nés du quotidien, des rêves reflets de l'inconscient, des textes de loi offrant un cadre, des poèmes irisant la toile, des mythes et des symboles, trames des histoires de l'Histoire, des archétypes, tissant des liens d'humanité de par le monde.

Et s'il est possible de lire le texte biblique comme une suite de textes reflétant quelque chose de l'histoire du monde, il est aussi possible de le recevoir comme le reflet de tous ces moments de passage, ces crises qui font advenir. Si écrire les rêves est, selon l'expérience des thérapeutes jungiens, thérapeutique, si les rêves sont à la fois mise en lien avec l'inconscient, le divin et le collectif, comment ces dimensions seraient-elles absentes de l'écriture biblique?

Tout à la fois expression communautaire, expression du lien au Tout Autre, expression du conscient et du rêve, de la vision et du monde dans lequel il s'inscrit, l'Écriture-Parole devient ainsi mémoire vive de la mise en humanité, trame de la venue au monde dans son infinitude, tissée de toute sa violence, de sa souffrance, de sa peur, mais aussi des couleurs incomparables de la vie à naître.

## Des canons pour les contes

Dans le monde des contes aussi les voix sont multiples. Ils se disent en de nombreuses langues et variantes, en écho aux mondes qu'ils font résonner. Les contes sont traversés par des symboles et des motifs qui sont venus aux conteurs depuis le commencement du monde. Ils parlent du devenir et de la construction identitaire, à l'aide d'images représentatives et de caractéristiques propres qui permettent une identification individuelle et communautaire.

Inscrits dans un va-et-vient incessant entre oral et écrit, les contes connaissent pourtant de grandes périodes de fixation. Sumer, l'Égypte Ancienne, l'Inde, la Grèce Antique, puis l'Italie, avec Boccace et Basile, ont légué des contes, des épopées, des sagas, des mythes qui alimentent toujours l'imagination collective, à travers le cinéma et la publicité, en particulier.

Certains rédacteurs, comme les frères Grimm, se sont voulu collecteurs fidèles, proches de leurs sources. D'autres ont été coauteurs des contes qu'ils ont transmis, tels Perrault ou Mme d'Aulnoy. Quel qu'ait été le niveau d'implication, voulu ou non, des rédacteurs, les contes ont traversé le temps, l'espace géographique, culturel, social. Et les parts d'héritage et de création se sont intimement mêlées pour former une toile à la puissance évocatrice et transformatrice.

## Collectes de contes

En Europe, l'un des temps forts de mise en écriture est l'époque romantique. En réaction au rationalisme et au classicisme, le romantisme est caractérisé par la mise en valeur des sentiments et de l'imagination. C'est le retour du rêve et la quête d'évasion, qui se porte en faux et en ouverture contre les règles de l'écriture classique. Les romantiques cherchent les canons de la beauté dans la nature et au cœur même de l'âme humaine.

Dans leur contexte, il n'y a pas d'attention aux valeurs féminines[40]. Rien d'étonnant alors à ce que les collecteurs aient été de fait majoritairement des femmes, sœurs, amies, complices des transcripteurs qui ont laissé leur nom aux collectes. Les collectes sont constituées de récits confiés par les conteurs populaires aux collectrices et collecteurs ou par des textes envoyés aux collecteurs.

---

[40]   Féminin s'étend encore au sens précisé au premier chapitre : le féminin est le pôle de la personne humaine, femme ou homme, qui est de l'ordre de la réceptivité, de l'introversion, de la tendresse, de l'attention, de l'intériorité, de l'émotionnel ou Éros. Le masculin de l'humain exprime plutôt l'extraversion, la capacité à aller au dehors, le rationnel, la prise de position, la capacité de trancher, le Logos.

Alors que Brentano et Achim von Arnim collectent les ballades et les poèmes populaires, les frères Grimm mettent en écriture les contes populaires de l'univers germanique recueillis par une douzaine d'informateurs, parmi lesquels plusieurs femmes. La première publication de leur collecte date de 1810. Elle s'appelle *Kinderheimmärchen*. Ainsi les contes de Grimm sont identifiés par la désignation KHM (Kinder-HeimMärchen), suivie du numéro du conte dans la collecte, ainsi que de l'année de publication de la collecte.

Emmanuel Cosquin, Français de la seconde moitié du XIX$^e$ siècle, est un cas très particulier dans la collecte du conte. Il a recueilli dès 1876 son corpus de contes dans un seul village : Montiers-sur-Saulx dans le département de la Meuse, à la limite de la Champagne. Cette démarche est inhabituelle puisque les collecteurs se sont attachés habituellement au patrimoine d'une région. Cosquin livre ce qui se racontait à une époque précise dans une petite communauté constituée par un village. Et il transcrit fidèlement les contes recueillis par une jeune fille auprès des villageois. Cosquin semble adhérer au modèle des Kinder-und Hausmärchen des frères Grimm. Par ailleurs, il reprend la thèse de Théodor Benfey selon laquelle les contes viendraient d'un réservoir unique, l'Inde, dont toutes les autres variantes découleraient. Après chaque conte, Cosquin fait des remarques fort intéressantes sur les variantes internationales. Il numérote les contes de 1 à 84.

## Folkloristes

Les folkloristes ne se contentent pas de collectionner les histoires populaires. Ils font un gros travail de classification, d'ordonnancement, de canonicité. Parmi les folkloristes les plus illustres, on compte Anti Aarne et Stith Thompson, un Finlandais et un Américain. Leur classification est centrée sur le squelette, l'habillage et les motifs d'un conte.

Anti Aarne (1867-1925) est un Finlandais qui a travaillé sur des contes collectés à travers toute l'Europe. Il a comparé ces contes entre eux et s'est rendu compte que certains racontent la même histoire, mais avec d'autres détails. Pour permettre de faire des liens entre tous ces contes, il développe des outils d'analyse :

- La trame est la même, les motifs se retrouvent : c'est le *squelette* du conte.

- Tous les contes qui ont le même squelette sont regroupés dans une *version*.

- Les détails ajoutés pour donner de la couleur à la trame ne changent en rien l'histoire : c'est son *habillage*.

Pour Anti Aarne, il existe généralement un conte source dont tous les autres contes d'une version découlent. Anti Aarne l'appelle le « conte type », notion publiée en 1910. Certains contes pourtant ne peuvent pas être classés et ne sont donc pas associés à un conte type. Puis il collabore avec Stith Thompson, un Américain (1886-1976), qui a fait de son côté un travail similaire. Ensemble, ils ont continué à travailler sur le modèle d'Aarne et ont publié en 1928 leur classification internationale.

La classification d'Aarne-Thompson a été révisée en 2004. Dans la nouvelle édition[41], chaque description de

---

[41]   Hans-Jörg UTHER, *The Types of International Folktales, a classification and bibliography*, Helsinki, Ed. Academia Scientiarum Fennica, 2004.

conte type a été revisitée et réécrite; plus de deux cent cinquante nouveaux contes types ont été ajoutés ainsi qu'un index détaillé des motifs, actions et sujets. L'ancienne version est appelée AT (pour Aarne-Thompson et non pas pour Ancien Testament!) et la nouvelle, ATU, pour les distinguer tout en marquant la filiation.

La classification AT a été reprise de manière restreinte pour les contes trouvés sur le territoire français et partiellement au Québec par Paul Delarue et Marie-Louise Ténéze[42]. Elle contient ce qui représente la collection de référence des conteurs francophones, dont ils disent affectueusement qu'il s'agit de leur bible.

Ces classifications décrivent et associent les versions et les contes types, leur attribuent un numéro, un titre, donnent le schéma détaillé des éléments présents, recensent et analysent un grand nombre de versions recueillies et transmettent de très précieuses indications sur les attestations littéraires anciennes des thèmes, ainsi que d'autres éléments d'étude et de compréhension. Les contes types ne sont donc pas des modèles ou des archétypes. Ils sont simplement la description de contes attestés le plus souvent.

## Les contes types

Les contes types sont regroupés en cinq grandes typologies numérotés de AT 0[43] à AT 2499, une classification qui permet de cerner l'infinité des contes et de faire des liens entre eux.

---

[42]  Paul Delarue et Marie-Louise Ténéze, *Le conte populaire français, catalogue raisonné des versions de France*, Paris, Maisonneuve & Larose, 2002.

[43]  T pour conte type.

Les animaux sont classés de AT 1 à AT 299.

Les contes proprement dits : contes merveilleux, contes de sagesse, se trouvent entre T 300 et T 1199 et sont subdivisés en sous-groupes :

- Adversaire surnaturel : *Le petit poucet, Rapunzel, Le petit chaperon rouge*

- Époux enchanté : *La belle au bois dormant, L'oiseau bleu, Les trois oranges*

- Tâche surhumaine : *Le diable aux trois cheveux d'or, Frau Holle, La tête de mort*

- Aide surnaturelle : *Cendrillon, Le chat botté, Peau d'âne*

- Objet magique : *Bouillie magique, Petite table dresse-toi, Âne aux crottes d'or, Bâton sors du sac, La lumière bleue*

- Pouvoir ou connaissances surnaturelles : *Le langage des animaux, Sésame, ouvre-toi, Le jeune géant.*

- Autres contes surnaturels : *Blanche Neige, Le conte du genévrier, Moitié de coq, La jeune fille sans mains.*

Les contes facétieux se retrouvent de AT 1200 à AT 1999 : *Le vaillant petit tailleur* ATU 1640, *Le docteur Je-sais-tout* (Grimm) ATU 1641, *Les habits de l'empereur* (Andersen) ATU 1620.

Les contes à formules, chaînes, énigmes, sont marqués AT 2000 à AT 2339.

Les contes inclassables sont quant à eux classés de AT 2339 à AT 2499.

De même que le font de manière interne au texte biblique les couches rédactionnelles, les apports archéologiques et les lectures sémiotiques, les classifications des contes contribuent elles aussi à éclairer le récit biblique sous un angle renouvelant. Ainsi, nous avons précédemment relevé un motif similaire entre Amnon et Tamar en 2 *Samuel* 13 et le *Peau d'âne* de Perrault. Or, *Peau d'âne* est classée dans la catégorie « contes merveilleux faisant intervenir une aide surnaturelle ». Sans l'aide du Tout Autre, quelle issue pourrait-on trouver à cet acte d'inceste dans la famille de David? Et sans l'aide du Tout Autre, comment en attendre une fin « merveilleuse », bénie et improbable?

Savoir que *Le vaillant petit tailleur* se retrouve dans la catégorie des contes facétieux alors que la lecture des symboles et des motifs le rend immédiatement proche du David, tel qu'il nous est présenté dans la Bible dévoilée[44], est pour le moins réjouissant!

## Les motifs

Thompson a pour sa part répertorié tous les motifs rencontrés dans les contes. Son index standard en six volumes, édités en totalité en 1955, répertorie quarante mille motifs distincts marqués par des lettres suivis d'un numéro!

Le travail sur les motifs est fondamental parce qu'il met en lien des contes pour lesquels la proximité n'est a priori pas apparente. C'est en particulier le travail sur les motifs qui permet le rapprochement entre les textes bibliques et les contes. Le travail autour de la fille de Jephté et de la jeune fille sans mains, que nous avons mené dans le collectif et que je reprends ci-après, a été enrichi par l'apport de cette classification.

---

[44] Israël FINKELSTEIN et Neil Asher SILBERMAN, *La Bible dévoilée. Les nouvelles révélations de l'archéologie*, Paris, Bayard, 2002.

## L'analyste structurale dans la classification de Propp

Cette classification porte sur l'analyse structurale du conte. Le folkloriste russe Vladimir Propp (1895-1970) inaugure dans *Morphologie du conte*, publié en 1928, une nouvelle classification qui observe de plus près et met en parallèle les épisodes ou motifs des contes populaires avec les rituels des sociétés archaïques dont les contes seraient issus.

Selon Propp, qui a étudié un certain nombre de contes merveilleux russes répertoriés par Anafassièv[45], tout conte est constitué d'un ensemble de paramètres qui se modifient selon des variables (le nom et les attributs des personnages) et des constantes (les fonctions qu'ils accomplissent). Ces dernières forment la partie constitutive fondamentale du conte. Ainsi, tous les contes, quelle que soit leur origine, se définissent par une suite de fonctions, une séquence toujours identique à elle-même.

Il établit ainsi une liste de trente et une fonctions qui sont organisées en deux séquences, à partir d'un manque ou d'un méfait initial jusqu'à sa réparation finale. Pour lui, il en découle un schéma normatif : méfait – réparation – punition – restauration de l'ordre, schéma qui est également présent dans le texte biblique. Il pensait que ces fonctions constituent le schéma canonique du conte merveilleux en général.

Pour Propp, le conte merveilleux est par conséquent un récit qui se joue à sept *dramatis personae*, figures participantes de l'histoire, chacune ayant sa propre sphère :

---

[45]   Collecteur russe qui a publié *Les contes populaires russes* entre 1855 et 1863.

- le héros;
- les intervenants autres que le héros, appelés des personnages transversaux;
- l'agresseur;
- le mandateur;
- le donateur;
- l'auxiliaire (souvent magique);
- le faux héros ou imposteur;
- la princesse ou le roi.

Comme le repérage des motifs, la classification structurale de Propp permet des rapprochements enrichissants avec le corpus biblique.

## De la fille de Jephté à la jeune fille sans mains

Voir dans le texte biblique des symboles et des motifs partagés par d'autres textes fondateurs de l'humanité et présents à l'inconscient collectif, c'est aussi poser la question du sacré.

L'une des acceptions du mot « sacré » est de désigner ce qui appartient à un domaine séparé, inaccessible, intouchable. À l'inverse, le sacré désigne aussi ce qui est précieux, important, essentiel, numineux. Est sacré ce qui peut nous faire accéder à une connaissance supérieure, à une réalité autre. Cette autre réalité peut être simplement la capacité de voir autrement, d'élargir son champ de conscience. La sacralité du texte ne repose pas sur son statut intrinsèque, mais dans la manière dont nous l'abordons. Il est sacré si nous lui laissons son pouvoir d'évocation et son potentiel de vie.

La question du sacré appelle aussi celle de la révélation. Le texte biblique n'est pas révélé en tant que tel, ni à ses auteurs ni à ses récepteurs. « La Révélation n'est donc pas

dans la réception de la parole révélée — parole parlée —,
mais dans son renouvellement. Cette Création-Révélation
est aussi Libération car elle arrache l'être à son enlisement
dans le déjà-là[46]. »

Le thème du féminin sacrifié avec mutilation est un
thème universel. Le récit de la fille de Jephté au *Livre des Juges*
trouve son pendant dans la mythologie, avec par exemple
la figure d'Iphigénie et, dans les contes, avec *La jeune fille
sans mains*.

### La fille de Jephté

Jephté fit un vœu au Seigneur et dit : « Si vraiment tu me
livres les fils d'Ammon, quiconque sortira des portes de ma
maison à ma rencontre quand je reviendrai sain et sauf de
chez les fils d'Ammon, celui-là appartiendra au Seigneur
et je l'offrirai en holocauste. » Jephté franchit la frontière
des fils d'Ammon pour leur faire la guerre et le Seigneur
les lui livra. Il les battit depuis Aroër jusqu'à proximité de
Minnith, soit vingt villes, et jusqu'à Avel-Keramim. Ce
fut une très grande défaite; ainsi les fils d'Ammon furent
abaissés devant les fils d'Israël.

Tandis que Jephté revenait vers sa maison à Miçpa, voici
que sa fille sortit à sa rencontre, dansant et jouant du tam-
bourin. Elle était son unique enfant : il n'avait en dehors
d'elle ni fils ni fille. Dès qu'il la vit, il déchira ses vêtements
et dit : « Ah! Ma fille, tu me plonges dans le désespoir;
tu es de ceux qui m'apportent le malheur; et moi j'ai trop
parlé devant le Seigneur et je ne puis revenir en arrière. »
Mais elle lui dit : « Mon père, tu as trop parlé devant le
Seigneur; traite-moi selon la parole sortie de ta bouche
puisque le Seigneur a tiré vengeance de tes ennemis, les
fils d'Ammon. » Puis elle dit à son père : « Que ceci me

---

[46]   M.-A. OUAKNIN, *Lire aux éclats*, p. IX.

soit accordé : laisse-moi seule pendant deux mois pour que j'aille errer dans les montagnes et pleurer sur ma virginité, moi et mes compagnes. » Il lui dit : « Va » et il la laissa partir pour deux mois; elle s'en alla, elle et ses compagnes, et elle pleura sa virginité dans les montagnes. À la fin des deux mois, elle revint chez son père et il accomplit sur elle le vœu qu'il avait prononcé. Or, elle n'avait pas connu d'homme et cela devint une coutume en Israël que d'année en année les filles d'Israël aillent célébrer la fille de Jephté, le Galaadite, quatre jours par an (*Juges* 11, 30-40, version TOB).

### La jeune fille sans mains

Un meunier était peu à peu tombé dans la misère et il n'avait plus rien que son moulin avec, derrière, un grand pommier. Un jour qu'il avait été chercher du bois dans la forêt, un vieil homme qu'il n'avait encore jamais vu s'approcha de lui et lui dit : « Pourquoi t'échines-tu à casser du bois? Je peux te rendre riche si tu me promets ce qui se trouve derrière ton moulin. » « Qu'est-ce que cela pourrait être sinon mon pommier? » pensa-t-il, il accepta et s'engagea par écrit. Mais l'inconnu éclata d'un rire sarcastique et dit : « Dans trois ans, je viendrai chercher ce qui m'appartient » et il s'en fut. Quand le meunier rentra chez lui, sa femme vint à sa rencontre et lui dit : « Dis-moi, meunier, d'où vient cette richesse soudaine dans notre maison? Tout d'un coup toutes les caisses et les armoires sont pleines, personne n'a rien apporté et je ne sais pas comment cela s'est produit. » Il répondit : « Cela vient d'un inconnu que j'ai rencontré dans la forêt et qui m'a promis de grands trésors; en échange je me suis engagé par écrit à lui donner ce qui se trouve derrière le moulin : nous pouvons bien sacrifier pour cela notre grand pommier. — Ah mon pauvre homme, dit la femme épouvantée, c'était le diable, il ne parlait pas du pommier, mais de notre fille, qui était derrière le moulin et balayait la cour. »

La fille du meunier était belle et pieuse, elle vécut ces trois ans pieusement et sans péchés. Quand le temps fut révolu et que le jour vint où le diable voulut la prendre, elle se lava soigneusement et traça autour d'elle un cercle de craie. Le diable se montra de bonne heure, mais il ne put pas l'approcher. Furieux, il dit au meunier : « Ôte-lui toute eau afin qu'elle ne puisse plus se laver, sans quoi je suis sans pouvoir sur elle. » Le meunier eut peur et obéit. Le lendemain le diable revint, mais elle avait pleuré sur ses mains et elles étaient parfaitement propres. Alors une fois de plus il ne put l'approcher et dit plein de colère au meunier : « Coupe-lui les mains, sinon elle m'échappe. » Le meunier fut épouvanté et répondit : « Comment pourrais-je couper les mains de ma propre fille! » Alors le Malin le menaça et dit : « Si tu ne le fais pas, tu es à moi et c'est toi que je prendrai. » Le père prit peur et promit d'obéir. Il alla donc trouver sa fille et lui dit : « Mon enfant, si je ne te coupe pas les deux mains, le diable m'emportera, et dans ma peur je le lui ai promis. Aide-moi donc dans ma détresse et pardonne-moi le mal que je te fais. » Elle répondit : « Cher père, faites de moi ce que vous voulez, je suis votre enfant. » Puis elle tendit ses deux mains et se les laissa couper. Le diable vint pour la troisième fois, mais elle avait tant pleuré sur ses moignons qu'ils étaient encore parfaitement propres. Alors il dut s'avouer vaincu et perdit tout droit sur elle.

Le meunier lui dit : « J'ai gagné une si grande richesse grâce à toi que je veux t'entretenir sur un grand pied ta vie durant. » Mais elle répondit : « Je ne peux pas rester ici; je vais m'en aller; des gens compatissants me donneront bien ce dont j'ai besoin. » Puis elle se fit attacher ses bras mutilés derrière le dos et au lever du jour, elle se mit en route et chemina jusqu'à la nuit.

Alors elle arriva à un jardin royal et elle vit au clair de lune qu'il y avait là des arbres couverts de beaux fruits; mais elle ne put pas y entrer, car il était entouré d'eau. Et comme elle avait marché tout le jour sans manger le moindre morceau et que la faim la tourmentait, elle s'écria : « Ah, que ne suis-je dans ce jardin pour pouvoir manger un peu de fruits, autrement je vais périr d'inanition. » Alors elle se mit à genoux, invoqua le Seigneur et pria. Soudain un ange apparut, il fit une écluse dans l'eau, de sorte que le fossé fut à sec et qu'elle put le traverser. À présent elle était dans le jardin et l'ange l'accompagnait. Elle vit un arbre qui portait des fruits, c'étaient de belles poires, mais elles étaient toutes comptées. Alors elle s'approcha et pour apaiser sa faim, elle en mangea une avec sa bouche, mais pas plus. Le jardinier le vit bien, mais comme l'ange était là, il eut peur et prenant la jeune fille pour un esprit, il se tut et n'osa ni crier ni lui adresser la parole. Quand elle eut mangé la poire, elle fut rassasiée et alla se cacher derrière le fourré. Le lendemain matin, le roi descendit au jardin, car il lui appartenait; alors il compta et vit qu'il manquait une poire, il demanda au jardinier ce qu'il en était advenu, elle n'était pas tombée sous l'arbre et pourtant elle avait disparu. Alors le jardinier répondit : « La nuit dernière, un esprit est entré ici, il n'avait pas de mains et a mangé une poire avec sa bouche. » Le roi dit : « Comment l'esprit a-t-il traversé le fossé? Où est-il allé après avoir mangé la poire? » Le jardinier répondit : « Quelqu'un est descendu du ciel avec une robe blanche comme neige, il a fermé l'écluse et arrêté l'eau, afin que l'esprit puisse traverser le fossé. Et comme cela ne pouvait être qu'un ange, j'ai eu peur, je n'ai rien demandé et je n'ai pas appelé. Quand l'esprit eut mangé la poire, il est reparti. » Le roi dit : « S'il en est comme tu dis, cette nuit je monterai la garde avec toi. »

Quand il fit nuit, le roi vint au jardin accompagné d'un prêtre qui devait interroger l'esprit. Tous trois s'assirent sous l'arbre et restèrent aux aguets. Vers minuit, la jeune fille sortit en rampant du fourré, s'approcha de l'arbre et mangea de nouveau une poire avec sa bouche; et à côté d'elle se tenait l'ange dans sa robe blanche. Alors le prêtre s'avança et dit : « Viens-tu de Dieu ou du monde? Es-tu un esprit ou une créature humaine? » Elle répondit : « Je ne suis pas un esprit, mais une pauvre créature abandonnée de tous, sauf de Dieu. » Le roi dit : « Si tu es abandonnée de tout le monde, moi je ne t'abandonnerai pas. » Il l'emmena dans son château royal, et comme elle était si belle et si pieuse, il l'aima de tout son cœur, puis il lui fit des mains d'argent et la prit pour épouse.

Un an après, le roi dut partir pour la guerre, alors il recommanda la jeune reine à sa mère et dit : « Quand viendra le moment de ses couches, gardez-la en bonne santé et soigne-la bien et écrivez-moi tout de suite une lettre. » Or elle mit au monde un beau garçon. Alors la vieille mère s'empressa d'écrire pour lui annoncer la joyeuse nouvelle. Mais le messager se reposa en route au bord d'un ruisseau, et comme sa longue marche l'avait fatigué, il s'endormit. Alors le diable, qui cherchait à nuire à la pieuse reine, vint échanger la lettre contre une autre, dans laquelle il était dit que la reine avait mis au monde un avorton. Quand le roi lut cette missive, il fut épouvanté et s'affligea fort, pourtant il répondit qu'ils eussent à veiller sur la reine et à la bien soigner jusqu'à son retour. Le messager repartit avec la lettre, se reposa au même endroit, et de nouveau s'endormit. Alors le diable vint derechef, lui mit une autre lettre dans sa poche, où il était dit qu'ils devaient faire mourir la reine et son enfant. En recevant cette missive, la vieille mère fut grandement effrayée, elle ne put pas le croire et écrivit encore une fois au roi, mais elle ne reçut pas de réponse parce que chaque fois le diable substituait une fausse lettre à celle du messager : et dans la dernière on ajoutait qu'ils devaient garder la langue et les yeux de la reine comme preuve.

Mais la vieille reine se désola de devoir verser un sang si innocent, pendant la nuit elle envoya chercher une biche, puis elle lui coupa la langue et les yeux et les mit de côté. Ensuite elle dit à la reine : « Je ne peux pas te faire tuer comme le roi l'ordonne, mais il ne t'est pas possible de rester plus longtemps ici : va avec ton enfant dans le vaste monde et ne reviens jamais. » Elle lui attacha son enfant sur le dos et la pauvre femme s'en fut en versant des larmes. Elle arriva dans une grande forêt sauvage et là, elle se mit à genoux et pria Dieu, et l'ange du Seigneur lui apparut et la conduisit à une petite maison où il y avait une pancarte avec ces mots : « Ici tout un chacun est logé gratis. » De la maison sortit une demoiselle blanche comme neige qui dit : « Soyez la bienvenue, Madame la Reine » et la fit entrer. Alors elle détacha le petit garçon de son dos et le lui tint sur le sein pour le faire boire, puis elle le coucha dans un joli petit lit tout préparé. La pauvre femme dit alors : « D'où sais-tu que je suis reine? » La blanche demoiselle répondit : « Je suis un ange envoyé par Dieu pour prendre soin de toi et de ton enfant. » Et elle resta sept ans dans la maison et fut bien soignée, et à cause de sa piété, ses mains coupées lui repoussèrent par la grâce de Dieu.

Enfin le roi revint de guerre, et avant toutes choses, il demanda à voir sa femme et son enfant. Alors la vieille mère se mit à pleurer et dit : « Méchant homme, ne m'as-tu pas écrit que je devais faire mourir ces deux âmes inno-centes! » et elle lui montra les deux lettres que le Malin avait falsifiées et ajouta : « J'ai fait comme tu l'as ordonné » et elle lui fit voir la langue et les yeux comme preuves. Le roi se mit à pleurer plus amèrement encore à cause de sa pauvre femme et de son petit garçon, en sorte que la vieille mère eut pitié de lui et lui dit : « Sois content, elle vit encore. J'ai fait abattre une biche en secret et c'est elle qui m'a fourni les preuves, quant à ta femme, je lui ai attaché son enfant sur le dos en lui disant d'aller dans le vaste monde, puis je lui ai fait promettre de ne jamais revenir, vu que tu étais si fort en colère contre elle. » Alors le roi dit : « Je vais aller aussi loin que s'étend l'azur, sans boire ni manger, jusqu'à ce que je retrouve ma chère femme et mon enfant, s'ils n'ont pas succombé ou ne sont pas morts de faim entre-temps. »

Là-dessus le roi parcourut le monde pendant sept ans, et il les chercha dans toutes les fentes de rocher et dans les cavernes, mais il ne les trouva pas et pensa qu'ils avaient péri. Il ne mangea ni ne but pendant tout ce temps, mais Dieu le maintint en vie. Enfin il arriva dans une grande forêt et il y vit la petite maison où il y avait la pancarte avec les mots : « Ici tout un chacun est logé gratis. » Alors la blanche demoiselle sortit et dit : « Soyez le bienvenu, Sire le Roi » et lui demanda d'où il venait. Il répondit : « Il y a bientôt sept ans que je suis parti à la recherche de ma femme et de mon enfant, mais je ne suis pas parvenu à les trouver. » L'ange lui offrit à boire et à manger, mais il ne le prit pas, il accepta seulement de se reposer un peu. Alors il s'étendit pour dormir et mit un mouchoir sur son visage.

Là-dessus l'ange alla dans la chambre où la reine se trouvait avec son enfant, qu'elle appelait ordinairement Affligé, et il lui dit : « Sors avec ton enfant, ton époux est arrivé. » Elle alla donc à l'endroit où il était étendu, et le mouchoir lui tomba du visage. Elle dit alors : « Affligé, ramasse le mouchoir de ton père et recouvre-lui le visage. » L'enfant le ramassa et le posa de nouveau sur son visage. Le roi entendit cela dans son demi-sommeil et, à dessein, il fit tomber de nouveau le mouchoir. Alors le petit garçon s'impatienta et dit : « Chère mère, comment puis-je couvrir le visage de mon père puisque je n'ai pas de père au monde? J'ai appris à prier : notre père qui êtes aux cieux; et alors tu m'as dit que mon père était au ciel et que c'était le bon Dieu : comment connaîtrais-je un homme aussi turbulent? Celui-là n'est pas mon père. » Quand le roi entendit cela, il se dressa sur son séant et lui demanda qui elle était. Alors elle dit : « Je suis ta femme, et voici ton fils Affligé. » Et il vit ses mains vivantes et dit : « Ma femme avait des mains d'argent. » Elle répondit : « Mes mains naturelles ont repoussé grâce à Dieu », et l'ange alla chercher les mains d'argent dans la chambre pour les lui montrer. Alors seulement il eut la certitude qu'ils étaient bien sa chère femme et son cher enfant, et il les embrassa et fut heureux et dit : « Cela me soulage d'un grand poids. » Alors l'ange leur fit prendre encore un repas ensemble, puis ils rentrèrent à la maison auprès de sa vieille mère. Il y eut partout grande liesse, le roi et la reine célébrèrent une seconde fois leurs noces et vécurent dans la joie jusqu'à leur bienheureuse mort. (GRIMM, *Contes*, trad. Marthe ROBERT, © Éd. Gallimard)

## Des motifs en écho

Dans les deux récits, *La fille de Jephté* et *La jeune fille sans mains*, le père parle trop, il s'engage sans que rien ne lui soit demandé, et il est incapable de reconnaître sa faute. Les résonances sont nombreuses entre les destinées de ces filles.

Dans l'histoire de Jephté, après avoir passé deux lunaisons avec ses compagnes, la jeune fille revient et son père fait sur elle selon son vœu et « elle n'avait pas pénétré d'homme » (v. 39, traduction Chouraqui). Cette formulation est si incongrue que dans les traductions classiques elle a été remplacée par une formulation du type : « Elle n'avait pas connu d'homme. » Et pourtant, aussi incroyable soit-elle, la réalité est bien ainsi : c'est elle, la vierge, qui n'a pas pénétré le masculin. L'inversion invraisemblable des rapports physiologiques met en évidence la stérilité des rapports psychologiques. Le verset exprime à quel point il a été impossible à Jephté de prendre conscience de son féminin, de sa capacité à la tendresse et aux larmes. Aussi va-t-elle mourir.

Bibliquement, la virginité exprime l'avènement du renouveau. Dans ce cas malheureusement, la virginité n'a été ni fécondante ni fécondée. Le monde ne va pas être renouvelé ou transformé parce qu'il n'y a pas d'interpénétration du féminin et du masculin. Mais, dit le texte, pour qu'on n'oublie pas le possible, pour que le sacrifice de la jeune fille n'ait pas été vain et qu'un jour peut-être il soit porteur de vie, chaque année une fête veillera à préserver sa mémoire.

Dans les contes, le motif des filles sacrifiées est si important qu'il constitue un motif à lui tout seul (T 411), avec de nombreuses variantes : le père qui essaye de se marier avec sa propre fille, le père de substitution ou l'adversaire qui essaye de déflorer la « future épouse ». C'est aussi le motif de l'inceste. Le père peut aussi être un père symbolique, représenté par exemple par les ancêtres totémiques de l'épouse. Dans les contes, ces ancêtres apparaissent sous les traits de magicien, dragon, Koshchei… Le conte type AT 706, *La jeune fille sans mains*, est représentatif de ce motif.

Marian Roalfe Cox, folkloriste (1860-1916), pense que ce conte type fait partie d'un cycle commun aux autres contes types *Cendrillon* (AT 510 A), *Peau d'âne* (AT 510 B) et *La gardeuse d'oies à la fontaine* (AT 923). Paul Delarue dans *Le conte populaire français, catalogue raisonné des versions de France* en parle ainsi :

« Le conte type de Cendrillon appartient à un cycle de contes qui se sont à tel point mélangés et enchevêtrés, pour des raisons diverses (parenté ou ressemblance de certains épisodes, analogie des sujets, contaminations) qu'il est impossible d'étudier l'un de ces contes isolément. » Lui aussi inclut dans ce cycle les contes types *Cendrillon* (AT 510 A), populaires en Europe mais aussi en Inde, aux Philippines, en Indonésie, en Afrique et dans les deux Amériques, de même que *Peau d'âne* (AT 510 B) répandu de la péninsule scandinave jusqu'à l'Inde et *Un œil, double œil et triple œil* (AT 511), un peu moins populaire mais présent dans toute l'Europe, en Inde, en Indonésie, en Afrique du Nord et à Madagascar.

La version la plus ancienne du conte type *Peau d'âne*/Tamar (AT 510 B) est celle d'un Italien, Straparola, publiée en 1550 à Venise. Cette version a une fin pour ainsi dire inconnue dans les contes européens : l'exécution du père fautif. Un autre Italien, Giambattista Basile, relate deux histoires dans sa collection : *The Pentamerone* (1634-1636). Les deux contes contiennent le motif T 411, l'héroïne est confrontée aux avances sexuelles de l'un de ses proches. Dans le conte *The Girl with the Maimed hands*, qui rejoint le type AT 706, *La jeune fille sans mains*, il s'agit d'un frère abusif tandis que dans le conte *The She-Beair*, du même type que AT 510 B, *Peau d'âne*, il s'agit d'un père abusif. Ce conte a lui aussi une chute dramatique étonnante pour un conte populaire : le père a peur de la fille et se cache.

Cendrillon, Peau d'âne, La jeune fille sans mains, sont toutes victimes des mêmes abus. Thèmes universels et apparentés, que ceux de l'inceste, de l'abus, du féminin sacrifié et de la virginité.

Dans l'histoire de Cendrillon (version de Grimm), la jeune fille doit trier les lentilles renversées dans les cendres par la méchante belle-mère ou les belles-sœurs. Prisonnière des lentilles comme Ésaü et Jacob, elle ne parviendra à sa maturité que quand sa part d'ombre et sa part de lumière seront réunies, comme Jacob devra retrouver son frère, rencontrer son ombre et la combattre, ce qui va le marquer dans son corps[47]. De ce combat naître un nouvel homme symbolisé par le changement de nom.

L'un des motifs du *Second livre de Samuel* rejoint celui de *Peau d'âne*[48]. Dans ce conte, le père-roi est abusif et veut épouser sa fille, ce qui la pousse à fuir. Dans le cycle de David, le père-roi, David, a abusé d'une femme, Bethsabée, et a commis un abus de pouvoir grave sur Urie, son mari, compagnon fidèle de David. Alors que pour lui les choses semblent s'arranger, son fils Amnon tombe maladivement amoureux de la princesse Tamar, sa sœur. Elle lui fait la cuisine pour le guérir, mais contrairement au prince du conte qui tombe sous le charme de Peau d'âne et l'épouse, Amnon va abuser de Tamar, sa sœur. Viol aux conséquences tragiques pour Tamar, mais aussi pour le royaume. Pour que le royaume survive, pour que David puisse avoir une fin de vie paisible, il lui faudra accueillir à ses côtés une jeune vierge, symbole par excellence du renouvellement, qu'il ne connaîtra pas lui-même mais qui sera accordé à sa descendance. Il lui aura fallu toute une vie pour s'adjoindre

---

[47]   Il est à noter que la mutilation est présente aussi dans l'histoire de Cendrillon. Toujours dans la version de Grimm, les sœurs vont être amputées des orteils ou du talon pour avoir tenté d'usurper la place de la princesse.

[48]   V. ISENMANN, « Le côte à côte de la guérison ». Relire aussi 2 *Samuel* 11ss.

le féminin, sans viol, sans violence, et pour accepter que ce féminin prenne soin de lui[49].

*La jeune fille sans mains* concentre les violences faites au féminin. La version de Grimm est la version type retenue pour les différentes variantes collectées à travers l'Europe et le monde. L'amputation de la main est une image très forte. La main est l'extension qui permet à l'humain de manipuler et de contrôler le monde à l'extérieur de lui-même. Elle symbolise le sacrifice de la mise en lien avec le monde.

Les différentes recensions de ce conte indiquent bien des raisons à la mutilation de la jeune fille : problèmes liés à la belle-mère, la nécessité de sauver le père d'un désastre (comme c'est le cas dans *Juges* 11 et 12) ou le rétablissement d'un père ruiné. La mutilation de la fille peut représenter pratiquement n'importe quel abus de l'autorité familiale.

Quand les contes et les textes bibliques sont à ce point traversés par le motif du féminin sacrifié, il en reste des marques dans la trame de l'humanité. S'il arrive que, dans des histoires de belles-mères et belles-filles abusives (*stepsmothers and mothers-in-law*), les belles-mères soient mises à mort comme dans *Blanche Neige* (Grimm) ou encore dans *La gardeuse d'oies* (Fallada – Grimm), les contes européens ne semblent pas voir de possibilité de punir les pères abusifs,

---

[49] 2 *Rois* 1, 1-3, version TOB : « Le roi David était un vieillard avancé en âge ; on le couvrait de vêtements sans qu'il pût se réchauffer. Alors ses serviteurs lui dirent : "Qu'on cherche pour Monseigneur le roi une jeune fille vierge qui assiste le roi et qui le soigne : elle couchera sur ton sein et cela tiendra chaud à Monseigneur le roi." Ayant donc cherché une belle jeune fille dans tout le territoire d'Israël, on trouva Abishag de Shunem et on l'amena au roi. Cette jeune fille était extrêmement belle ; elle soigna le roi et le servit, mais il ne la connut pas. »

que ce soit dans l'exercice de leur pouvoir, envers leur fille ou à l'égard des règles sociales.

Parfois, quand le fautif est un oncle — et non le père — l'exécution peut avoir lieu. Ainsi dans le conte finnois *The merchant's daughter*, dans lequel l'oncle est tué, ou encore dans le conte italien *The wicked oncle* où l'oncle est brûlé.

Bien que beaucoup de variantes de ce conte type soient violentes, la référence explicite à l'inceste a souvent été supprimée. Pour atténuer la brutalité du désir, les narrateurs européens remplacent souvent la figure du père naturel par celle du père adoptif. Ainsi dans la version de *Peau d'âne* dans la collection française *Le cabinet des fées*, la belle princesse qui attire l'attention du roi veuf est explicitement décrite comme « la fille adoptée qui a toujours vécu dans le palais depuis tout bébé ». D'autres variantes du type 510 B ne présentent pas le personnage masculin comme étant le père de l'héroïne. Et d'autres encore présentent le conflit entre la fille et le père (ou la figure paternelle) de telle manière que le tabou de l'inceste soit supprimé. Grimm n'a rien enlevé de la nature du conflit entre le roi et sa fille dans *Peau d'âne*. D'ailleurs, cela a tellement choqué que l'un des traducteurs a modifié le début du conte en supprimant l'idée de l'inceste. Ainsi le roi dit à son conseil : « Je vais marier ma fille à l'un de vous, et elle sera la reine. »

Le conte type de *La jeune fille sans mains* comporte également la dimension du crime « secret ». Après le viol de Tamar, David aussi demande le silence et le secret. C'est d'ailleurs ce secret qui va tuer sa relation avec son fils Absalom.

Quelquefois aussi, le désir du père naît d'une promesse arrachée par la reine mourante au roi, celle de chérir sa fille par-dessus tout. Cette promesse protège la réputation du père en déplaçant sa responsabilité sur la reine décédée, puisque le roi ne peut que réaliser la promesse faite à sa bien-aimée en épousant sa propre fille.

Dans la Bible, les récits et les conséquences autour du féminin sacrifié sont d'une aussi grande complexité. En *Genèse* 34, le prince tombe amoureux de Dina, qu'il avait violentée. Et elle le laisse parler à son cœur, ce qui sous-entend qu'elle est touchée par lui. Ils font des projets d'avenir. Mais Jacob et ses fils se lancent dans une vengeance terrible.

La confusion entretenue dans les contes entre pères – frères – oncles et la figure du futur époux est si grande qu'il faut se demander s'ils ne sont pas interchangeables! Et l'expression populaire « trouver l'âme sœur », pour exprimer la quête de l'époux-épouse, maintient cette équivoque. Lors de la disparition de la jeune fille dans la forêt, l'homme qui la découvre, et qui finalement va l'épouser, ressemble à son propre père. Lui aussi est roi, despotique, et il exerce une autorité patriarcale sur son ménage. La variante finnoise *The merchant's daughter*, fait du père un marchand. Mais l'homme qui la découvre et l'épouse est lui aussi un marchand. Ainsi, les futurs époux ressemblent souvent aux pères, et les contes sont souvent racontés de telle manière que la confusion est rapide entre l'identité du premier maître, le père-roi, et celle du deuxième maître, le futur époux.

Comme la fille de Jephté va partir dans la montagne avec ses compagnes, la jeune fille des contes n'est pas toujours laissée seule pour affronter son père. Souvent une gentille vieille femme — une mère de substitution — l'aide temporairement pour repousser son père et pour l'aider à se sauver. Parfois aussi, dans certaines versions, c'est même la propre mère de l'héroïne qui peut fournir cette aide. Dans beaucoup de contes, le rôle du magique se limite aux trois belles robes (soleil, lune, étoiles) que l'héroïne demande à son père pour retarder le mariage. Ces robes sont magiquement conservées pour un avenir meilleur — chez Grimm, elles sont mises dans une coquille de noix — alors que l'héroïne continue sa fugue habillée d'un sac ou de quelque chose de peu féminin. Ce déguisement est un motif central dans la plupart des variantes de type 510 B, et très souvent il donne le titre au conte : *Peau d'âne*, *Cendrillon*, *La fille noire*, *Peau de mille bêtes* et d'autres. En *Genèse* 3, la possibilité de renouvellement, après le franchissement de l'interdit et le dépassement des limites, est contenue dans le changement d'apparence, les vêtements de peau dont Dieu revêt l'homme et la femme (*Genèse* 3, 21). C'est le symbole d'une mue initiée par le serpent et d'une mutation profonde pour l'un comme pour l'autre. Ils ne sont plus revêtus de la nudité paradisiaque, manteau royal de l'innocence (d'après la tradition juive, un habit de lumière), mais d'une nouvelle peau, avec laquelle ils concevront et enfanteront.

Dans un seul conte, l'héroïne se change en homme. Il s'agit de *Florinda*, un conte du Chili. Pour échapper à son père l'héroïne se déguise en homme. Elle finit par épouser une autre femme. Son père continue pourtant de la chercher, de la poursuivre. Elle est sauvée par un crucifix — magique — qu'elle porte sur elle, et elle est changée éternellement, en homme. Le féminin n'est pas fécondant en soi et doit se changer en masculin.

Quand le féminin est à ce point sacrifié, dans la Bible comme dans les contes, la violence est au rendez-vous de manière centrale. Dans la première version publiée de *Peau d'âne* chez Grimm, les allusions aux violences physiques et morales sont présentes. La violence est dite aussi bien dans les versions européennes que dans le Nouveau Monde. Dans la Bible aussi la violence, et la violence faite au féminin, est dite. Nommer la violence, c'est déjà la reconnaître. C'est refuser le secret, le silence, les tabous.

L'issue de ces histoires de féminin sacrifié est souvent incertaine, difficile. Dans *Peau de mille bêtes* (Grimm – AT 510 B), la dernière phrase dit : « Ensuite, on célébra les noces et ils vécurent heureux jusqu'à la fin de leurs jours », mais le père ne revoit pas sa fille. Alors que dans *Peau d'âne* (Perrault – AT 510 B), la conclusion est différente : « Le conte de Peau d'âne est difficile à croire, mais tant que dans le monde on aura des enfants, des mères et des mères-grands, on en gardera la mémoire. » Le père est invité au mariage de sa fille et la reconnaît.

### Anastasie, la vierge sans mains

Comme pour Peau d'âne, une fête a été instaurée pour se souvenir de la fille de Jephté. La tradition de cette fête s'est perpétuée pendant de nombreuses générations. Elle a disparu peu à peu des mémoires collectives. Mais à sa place, est montée à la conscience Marie, la vierge par qui viendra le salut du monde. Et Marie est devenue Mère de Dieu, en gloire et en majesté. Dans les représentations à travers le temps, de femme, elle devient tellement exemplaire et exceptionnelle qu'elle fait oublier tous les féminins sacrifiés. De plus, souvent représentée en tronc, elle devient désincarnée[50]. À sa manière, en accédant à l'essence divine, elle est elle aussi sacrifiée en tant que femme.

Mais ni le Tout Autre ni l'inconscient collectif ne sauraient laisser sacrifier un pôle vital à l'existence de l'être humain. C'est ainsi que naît dans une crèche, en France, autour du XIVe, une légende de Noël. Dans cette légende, Anastasie[51], la vierge sans mains, aide Marie à accoucher du renouvellement. Dès lors, cohabitent le féminin sacrifié qui n'arrive pas à se faire entendre et le féminin vierge rayonnant, source de vie, qui pénètre l'humanité. Voici son histoire.

Marie et Joseph avaient trouvé refuge dans une grotte. La jeune femme était sur le point d'accoucher.

« Joseph, mon frère et doux ami, fait alors Marie, voici venu le terme, auquel Dieu apparaîtra sur terre avec la vêture humaine. Voulez-vous aller chercher dame ou damoiselle, qui me viendra en aide dans le déconfort et la fatigue où je suis? — Dame, dit Joseph, je ferai selon votre volonté et bon plaisir. » Il s'en retourna, et, pour la froidure, enfonça le cou dans sa pelisse de poils de chèvre. Bientôt il arriva devant l'hôtel d'un archiprêtre appelé Issachar, un riche homme, qui avait une fille, gente de corps et de façon, aux yeux vairs et au doux sourire, débonnaire comme un agneau, et la plus généreuse aumônière qui fût en Bethléem. Son père était dur et avare. Hélas! convoitise et dureté se blottissent parfois et sous la haire, et sous la coule. Fut-ce pour les péchés d'un tel père ou par la faute

---

[50]   Voir aussi Anne VUISTINER (DE SYBOURG), *Rencontre avec une icône, Une voie féminine vers la réconciliation des opposés*, Zurich, Institut Jung, 2002.

[51]   À moins qu'il ne s'agisse de sainte Brigitte, patronne des sages-femmes? Il était une fois… Les contes manquent de faits avérés!

de la mère? Mais Anastasie, ainsi se nommait la pucelle, n'avait ni doigts ni mains.

Joseph heurta plusieurs coups. On ne l'entendit pas, car les salles étaient toutes bruyantes de clercs et de chanoines, mandés au consistoire de l'évêque de Jérusalem. Plus fort frappa Joseph, criant : « Sire, au nom de Dieu, ouvrez à un pauvre homme et il vous rendra grâces! »

Un mauvais lévite, pris de vin, l'entendit d'une fenêtre, et dit : « Holà! grand-père Mathusalem, porte ailleurs ta gémissante musique si tu ne veux recevoir bientôt mon poing sur la figure. Va donc voir si ma géline pond : j'attendrai l'œuf! »

Anastasie la douce s'émut de cette méchante parole. Elle s'enquit de la cause, courut aval les degrés, et dit à Joseph, qui pour lors était en mélancolie : « Beau sire, que voulez-vous? Que demandez-vous?

— Belle damoiselle, aide pour ma Dame qui attend le divin Enfançon. Elle a grand besoin d'une femme, car je suis un vieil homme qui ne lui vaut rien.

— Sire, répond la damoiselle, volontiers je m'en irais vers elle et la soulagerais de tout mon pouvoir; mais voyez je suis bien faible chose, je n'ai ni doigts ni mains.

— Bonne pucelle, dit Joseph, l'Enfant qui est à naître aura pouvoir de payer ton service. Viens, une grande joie réconfortera ton cœur. »

Anastasie, prenant deux seaux remplis, l'un de lait crémeux, l'autre d'eau claire et fraîche, les porta suspendus à un croc de fer. Et elle suivit Joseph.

Quand ils entrèrent dans la grotte, la Vierge Marie était seule de compagnie mondaine, mais entourée de la cour céleste qui chantait : « Dieu éternel, donne-nous la joie, et à nos frères humains la paix! » Sur la paille blanche gisait, bénignement, le Roi très Haut qui fait pleuvoir et tonner, secoue la terre de tremblements, et assemble dans sa main les vents et les orages. Comme la verrière, que le rayon de soleil perce outre, sans brisement ni rompure, ainsi, sans souillure ni tourment, la Vierge Marie, la très Pure, avait enfanté Celui qui est à la fois son Fils et son Père. Le bœuf Mâchelent et l'âne Trottemenu, avançant leur museau au-dessus de la crèche, jetaient de leur haleine et donnaient de la chaleur comme s'ils connussent que les nouveau-nés vagissent de douleur sous la froidure.

Le gracieux Enfançon, à chair tendre comme l'aube rose, s'était tourné vers saint Joseph. Il sourit de sa bouchette riante à ce père nourricier et lui tendit à baiser ses cheveux blondets et ses pieds mignots. Après, avec deux doigts levés amont, il signa du « ignum crucis » Anastasie l'infirme, doucement ébahie à ses genoux. Elle aurait voulu l'étreindre en ses moignons, et pour l'ardent désir qu'elle avait de l'accoler, elle le prit de la couchette. Ah! Dieu! comme bien avisé fut son amour! Sitôt que ses bras écourtés attouchèrent le petit corps né de la Vierge, deux mains lui poussèrent, deux mains de sirène et de fée, aux doigts arrondis à souhait, et longs, et fins. La pucelle, pleurant de joie, joignit ses deux nouvelles mains et rendit grâces au Tout-Puissant vêtu de langes. Puis, elle aida Notre Dame à le laver dans le lait.

Les pastoureaux, sermonnés en musique par les anges, leur avaient répondu de semblable manière, et, convoyés par eux vers la grotte, ils chalumaient et flageolaient des danses joyeuses. Certes ils n'étaient pas comme ces tonneaux tout pleins, qui ne rendent pas haut son, ni claire note. Ils avaient choisi divers présents, et nous devons penser que gras et truffés étaient les chapons, et bien flairant les fromages dans les galons d'osier. Pastourelles et bergerettes tenaient en cage des colombes et des tourterelles; je sais bien que Dieu le voulut ainsi pour signifier, par la blanche colombe, la pureté de sa naissance, et par la grise tourterelle, son humilité. Je vous dirai encore que la tourterelle est un loyal oiseau : quand le mâle perd sa femelle, jamais il n'en désire une autre, et ne veut plus percher sur les verts rameaux, ni chanter au bocage.

Alors Anastasie, prenant congé de Notre Dame, courut vers son père.

Quand Issachar vit la damoiselle lui boucler gentiment la barbe avec ses nouvelles mains, il entreprit une sotte guerre, et méchante.

« Ma fille, fait-il, d'où t'ont poussé ces doigts fluets, ces belles mains blanches? — Père, dit-elle, j'ai pris entre mes bras le Messie né de mère cette nuit et hôtelé dans une étable proche. C'est lui le Mire, le Physicien merveilleux, dont l'égal ne se verra jamais en Salerne, ni en Montpellier. » Le vieux jeta un cri furieux et dit : « Fille, tu l'as pensé pour ton malheur! Tu as honni et faussé la loi dont je suis le ministre : je vais te remettre à la raison et te rendre ta première nature, que changea sorcier ou enchanteur! »

Écumant de rage, l'archiprêtre tira l'épée. Il allait en frapper un coup bien tranchant, quand soudain l'angoisse lui martela les mâchoires, sa main fut paralysée en l'air, et la lumière du jour devint tellement éblouissante qu'elle lui ôta la vue et il dit : « Belle Anastasie, fille aimable, où es-tu? Mon péché tourne à ma perte! Ah! fille, plus jamais je ne verrai ta face gentille, ni la neige, ni l'été, ni le ciel bleu, ni l'émeraude des rivières. Néanmoins, si des mains que Dieu t'a données tu consentais à tâter mes regards éteints, très tôt, sans doute, ils seraient illuminés. » Anastasie répondit : « Père chétif, Dieu le puissant et le débonnaire fait vivre l'âme morte, qui a repentir et met en lui sa foi. » « Fille, dit le père, Credo : ainsi je crois! »

Aussitôt la lumière du jour lui revint, et il eut plus clair regard et plus perçant que prunelle de faucon. Il vous plaira, seigneurs, qui aimez les longues histoires et les sermons courts, d'ouïr la suite de la geste de sainte Anastasie. Elle quitta Bethléem et le royaume de Syrie et s'en fut à Rome annoncer la bonne nouvelle d'Évangile, mais cela est une autre histoire...

Quand le féminin habite les mémoires et les pénètre pour les rendre fertiles, son sacrifice est transformé. Il nous féconde tant que nous en parlons encore et encore, et que naissent de nos paroles des histoires de réconciliation.

# Chapitre 5

# Quand un berger devient roi

Le féminin, présent aussi dans le cycle de David[52], a déjà pris bien de la place dans les pages précédentes! Dans le travail transdisciplinaire, ce cycle est une saga qui ouvre de nombreuses pistes de lecture[53]. David, de berger qu'il était auprès des troupeaux de son père, va devenir le premier grand roi d'Israël. S'il s'avérait que David n'ait pas été, historiquement, un grand roi, s'il s'avérait que le royaume du sud était de peu d'importance et la gloire de David purement locale, la fonction symbolique du récit dans la construction identitaire du peuple et sa puissance de régénération n'en demeureraient pas moins bien réelles.

Ce sont aussi les symboles et les motifs qui gardent au texte sa modernité et sa puissance évocatrice. Quel que soit l'espace temporel exact de fixation du cycle, celui-ci se construit à partir de l'expérience traumatisante de la déportation.

---

[52]   Voir le cycle de David, dans *1 Samuel* 16, 1 – *1 Rois* 2, 11, qu'il est impossible de citer ici intégralement.

[53]   Dans l'article cité précédemment, « Le côte à côte de la guérison », j'ai exploré plutôt dans ce cycle la perspective de la psychogénéalogie et du rapport au féminin.

Il s'inscrit dans ces temps mortifères où la survie du peuple dépend de sa capacité à trouver des ressources pour déjouer sa perte. Il tisse sa trame dans la mise par écrit de l'histoire gardée en mémoire depuis la nuit des temps, racontée de génération en génération et revalorisée comme ressource dans les dangers présents.

Alors qu'il est petit et menacé, le peuple se dit grand et protégé. Il puise dans les histoires de son passé une source de vie pour son avenir. Et l'épopée de David procède de cette reconstruction. Elle devient ainsi un modèle possible, un archétype, pour la quête identitaire, tant sur le plan individuel que sur le plan collectif. Un petit homme deviendra grand et un petit peuple vivra.

Comme un certain petit tailleur, qui partit à la conquête du monde…

## Quand le tailleur prend le large

Le conte du vaillant petit tailleur porte le numéro KHM 20 (1957) dans la collecte de Grimm.

### Le vaillant petit tailleur

Par un beau matin d'été, un petit tailleur assis sur sa table et de fort bonne humeur, cousait de tout son cœur. Arrive dans la rue une paysanne qui crie :

— Bonne confiture à vendre! Bonne confiture à vendre!

Le petit tailleur entendit ces paroles avec plaisir. Il passa sa tête délicate par la fenêtre et dit :

— Venez ici, chère Madame! C'est ici qu'on vous débarrassera de votre marchandise.

La femme grimpa les trois marches avec son lourd panier et le tailleur lui fit déballer tous ses pots. Il les examina, les tint en l'air, les renifla et finalement déclara :

— Cette confiture me semble bonne. Pesez-m'en donc une demi-once, chère Madame. Même s'il y en a un quart de livre, ça ne fera rien.

La femme, qui avait espéré trouver un bon client, lui donna ce qu'il demandait, mais s'en alla bien fâchée et en grognant.

— Et maintenant, dit le petit tailleur, que Dieu bénisse cette confiture et qu'elle me donne de la force!

Il prit une miche dans le buffet, s'en coupa un grand morceau par le travers et le couvrit de confiture.

— Ça ne sera pas mauvais, dit-il. Mais avant d'y mettre les dents, il faut que je termine ce pourpoint.

Il posa la tartine à côté de lui et continua à coudre et, de joie, faisait des points de plus en plus grands. Pendant ce temps, l'odeur de la confiture parvenait jusqu'aux murs de la chambre qui étaient recouverts d'un grand nombre de mouches, si bien qu'elles furent attirées et se jetèrent sur la tartine.

— Eh! dit le petit tailleur. Qui vous a invitées?

Et il chassa ces hôtes indésirables. Mais les mouches, qui ne comprenaient pas la langue humaine, ne se laissèrent pas intimider. Elles revinrent plus nombreuses encore. Alors, comme on dit, le petit tailleur sentit la moutarde lui monter au nez. Il attrapa un torchon et « je vais vous en donner, moi, de la confiture! » leur en donna un grand coup. Lorsqu'il retira le torchon et compta ses victimes, il n'y avait pas moins de sept mouches raides mortes. « Tu es un fameux gaillard », se dit-il en admirant sa vaillance. « Il faut que toute la ville le sache. »

Et, en toute hâte, il se tailla une ceinture, la cousit et broda dessus en grandes lettres — « Sept d'un coup ». « Eh! quoi, la ville... c'est le monde entier qui doit savoir ça! » Et son cœur battait de joie comme une queue d'agneau.

Le tailleur s'attacha la ceinture autour du corps et s'apprêta à partir dans le monde, pensant que son atelier était trop petit pour son courage. Avant de quitter la maison, il chercha autour de lui ce qu'il pourrait emporter. Il ne trouva qu'un fromage et le mit dans sa poche. Devant la porte, il remarqua un oiseau qui s'était pris dans les broussailles; il lui fit rejoindre le fromage. Après quoi, il partit vaillamment et, comme il était léger et agile, il ne ressentit aucune fatigue. Le chemin le conduisit sur une montagne et lorsqu'il en eut escaladé le plus haut sommet, il y vit un géant qui regardait tranquillement le paysage.

Le petit tailleur s'approcha bravement de lui et l'apostropha :

— Bonjour, camarade! Alors, tu es assis là et tu admires le vaste monde? C'est justement là que je vais pour y faire mes preuves. Ça te dirait de venir avec moi?

Le géant examina le tailleur d'un air méprisant et dit :

— Gredin, triste individu!

— Tu crois ça, répondit le tailleur en dégrafant son manteau et en montrant sa ceinture au géant.

— Regarde là quel homme je suis!

Le géant lut : « Sept d'un coup », s'imagina qu'il s'agissait là d'hommes que le tailleur avait tués et commença à avoir un peu de respect pour le petit homme. Mais il voulait d'abord l'éprouver. Il prit une pierre dans sa main et la serra si fort qu'il en coula de l'eau.

— Fais-en autant, dit-il, si tu as de la force.

— C'est tout? demanda le petit tailleur. Un jeu d'enfant!

Il plongea la main dans sa poche, en sortit le fromage et le pressa si fort qu'il en coula du jus.

— Hein, dit-il, c'était un peu mieux!

Le géant ne savait que dire. Il n'arrivait pas à croire le petit homme. Il prit une pierre et la lança si haut qu'on ne pouvait presque plus la voir.

— Alors, avorton, fais-en autant!

— Bien lancé, dit le tailleur; mais la pierre est retombée par terre. Je vais t'en lancer une qui ne reviendra pas.

Il prit l'oiseau dans sa poche et le lança en l'air. Heureux d'être libre, l'oiseau monta vers le ciel et ne revint pas.

— Que dis-tu de ça, camarade? demanda le tailleur.

— Tu sais lancer, dit le géant, mais on va voir maintenant si tu es capable de porter une charge normale.

Il conduisit le petit tailleur auprès d'un énorme chêne qui était tombé par terre et dit :

— Si tu es assez fort, aide-moi à sortir cet arbre de la forêt.

— Volontiers, répondit le petit homme, prends le tronc sur ton épaule; je porterai les branches et la ramure, c'est ça le plus lourd.

Le géant prit le tronc sur son épaule; le tailleur s'assit sur une branche et le géant, qui ne pouvait se retourner, dut porter l'arbre entier avec le tailleur par-dessus le marché. Celui-ci était tout joyeux et d'excellente humeur. Il sifflait la chanson « Trois tailleurs chevauchaient hors de la ville » comme si le fait de porter cet arbre eût été un jeu d'enfant. Lorsque le géant eut porté l'arbre pendant quelque temps, il n'en pouvait plus et il s'écria :

— Écoute, il faut que je le laisse tomber.

Le tailleur sauta en vitesse au bas de sa branche et dit au géant :

— Tu es si grand et tu ne peux même pas porter l'arbre!

Ensemble, ils poursuivirent leur chemin. Comme ils passaient sous un cerisier, le géant attrapa le faîte de l'arbre d'où pendaient les fruits les plus mûrs, le mit dans la main du tailleur et l'invita à manger. Le tailleur était bien trop faible pour retenir l'arbre et lorsque le géant le lâcha, il se détendit et le petit homme fut expédié dans les airs. Quand il fut retombé sur terre, sans dommage, le géant lui dit :

— Que signifie cela? tu n'as même pas la force de retenir ce petit bâton?

— Ce n'est pas la force qui me manque, répondit le tailleur. Tu t'imagines que c'est ça qui ferait peur à celui qui en a tué sept d'un coup? J'ai sauté par-dessus l'arbre parce qu'il y a des chasseurs qui tirent dans les taillis. Saute, toi aussi, si tu le peux!

Le géant essaya, n'y parvint pas et resta pendu dans les branches de sorte que, cette fois encore, ce fut le tailleur qui gagna.

Le géant lui dit :

— Si tu es si vaillant, viens dans notre caverne pour y passer la nuit avec nous. Le petit tailleur accepta et l'accompagna. Lorsqu'ils arrivèrent dans la grotte, les autres géants étaient assis autour du feu et chacun d'entre eux tenait à la main un monstrueux rôti auquel ils mordaient. Le petit tailleur regarda autour de lui et pensa : « C'est bien plus grand ici que dans mon atelier. »

Le géant lui indiqua un lit et lui dit de s'y coucher et d'y dormir.

Mais le lit était trop grand pour le petit tailleur. Il ne s'y coucha pas, mais s'allongea dans un coin. Quand il fut minuit et que le géant pensa que le tailleur dormait profondément, il prit une barre de fer et, d'un seul coup, brisa le lit, croyant avoir donné le coup de grâce au rase-mottes. Au matin, les géants s'en allèrent dans la forêt. Ils avaient complètement oublié le tailleur. Et le voilà qui s'avançait tout joyeux et plein de témérité! Les géants prirent peur, craignirent qu'il ne les tuât tous et s'enfuirent en toute hâte.

Le petit tailleur poursuivit son chemin au hasard. Après avoir longtemps voyagé, il arriva dans la cour d'un palais royal et, comme il était fatigué, il se coucha et s'endormit. Pendant qu'il était là, des gens s'approchèrent, qui lurent sur sa ceinture : « Sept d'un coup ».

— Eh! dirent-ils, que vient faire ce foudre de guerre dans notre paix? Ce doit être un puissant seigneur!

Ils allèrent le dire au roi, pensant que si la guerre éclatait ce serait là un homme utile et important, qu'il ne fallait laisser repartir à aucun prix. Ce conseil plut au roi et il envoya l'un de ses courtisans auprès du petit tailleur avec pour mission de lui offrir une fonction militaire quand il s'éveillerait. Le messager resta planté près du dormeur, attendit qu'il remuât les membres et ouvrit les yeux et lui présenta sa requête.

— C'est justement pour cela que je suis venu ici, répondit-il. Je suis prêt à entrer au service du roi.

Il fut reçu avec tous les honneurs et on mit à sa disposition une demeure particulière.

Les gens de guerre ne voyaient cependant pas le petit tailleur d'un bon œil. Ils le souhaitaient à mille lieues.

— Qu'est-ce que ça va donner, disaient-ils entre eux, si nous nous prenons de querelle avec lui et qu'il frappe? Il y en aura sept à chaque fois qui tomberont. Aucun de nous ne se tirera d'affaire.

Ils décidèrent donc de se rendre tous auprès du roi et demandèrent à quitter son service.

— Nous ne sommes pas faits, dirent-ils, pour rester à côté d'un homme qui en abat sept d'un coup.

Le roi était triste de perdre, à cause d'un seul, ses meilleurs serviteurs. Il aurait souhaité ne l'avoir jamais vu et aurait bien voulu qu'il repartît. Mais il n'osait pas lui donner son congé parce qu'il aurait pu le tuer, lui et tout son monde, et prendre sa place sur le trône. Il hésita longtemps. Finalement, il eut une idée. Il fit dire au petit tailleur que, parce qu'il était un grand foudre de guerre, il voulait bien lui faire une proposition. Dans une forêt de son pays habitaient deux géants qui causaient de gros ravages, pillaient, tuaient, mettaient tout à feu et à sang. Personne ne pouvait les approcher sans mettre sa vie en péril. S'il les vainquait et qu'il les tuât, il lui donnerait sa fille unique en mariage et la moitié de son royaume en dot. Cent cavaliers l'accompagneraient et lui prêteraient secours. « Voilà qui convient à un homme comme un moi », songea le petit tailleur. « Une jolie princesse et la moitié d'un royaume, ça ne se trouve pas tous les jours. »

— Oui, fut donc sa réponse. Je viendrai bien à bout des géants et je n'ai pas besoin de cent cavaliers. Celui qui en tue sept d'un coup n'a rien à craindre quand il n'y en a que deux.

Le petit tailleur prit la route et les cent cavaliers le suivaient. Quand il arriva à l'orée de la forêt, il dit à ses compagnons :

— Restez ici, je viendrai bien tout seul à bout des géants.

Il s'enfonça dans la forêt en regardant à droite et à gauche. Au bout d'un moment, il aperçut les deux géants. Ils étaient couchés sous un arbre et dormaient en ronflant si fort que les branches en bougeaient. Pas paresseux, le petit tailleur remplit ses poches de cailloux et grimpa dans l'arbre. Quand il fut à mi-hauteur, il se glissa le long d'une branche jusqu'à se trouver exactement au-dessus des dormeurs et fit tomber sur la poitrine de l'un des géants une pierre après l'autre. Longtemps, le géant ne sentit rien. Finalement, il se réveilla, secoua son compagnon et lui dit :

— Pourquoi me frappes-tu?

— Tu rêves, répondit l'autre. Je ne te frappe pas.

Ils se remirent à dormir. Alors le petit tailleur jeta un caillou sur le second des géants.

— Qu'est-ce que c'est? cria-t-il. Pourquoi me frappes-tu?

— Je ne te frappe pas, répondit le premier en grognant.

Ils se querellèrent un instant mais, comme ils étaient fatigués, ils cessèrent et se rendormirent. Le petit tailleur recommença son jeu, choisit une grosse pierre et la lança avec force sur la poitrine du premier géant.

— C'est trop fort! s'écria celui-ci.

Il bondit comme un fou et jeta son compagnon contre l'arbre, si fort que celui-ci en fut ébranlé. Le second lui rendit la monnaie de sa pièce et ils entrèrent dans une telle colère qu'ils arrachaient des arbres pour s'en frapper l'un l'autre. À la fin, ils tombèrent tous deux morts sur le sol. Le petit tailleur regagna alors la terre ferme. « Une chance qu'ils n'aient pas arraché l'arbre sur lequel j'étais perché. Il aurait fallu que je saute sur un autre comme un écureuil. Heureusement que l'on est agile, nous autres! » Il tira son épée et en donna quelques bons coups à chacun dans la poitrine puis il rejoignit les cavaliers et leur dit :

— Le travail est fait, je leur ai donné le coup de grâce à tous les deux. Ça a été dur. Ils avaient dû arracher des arbres pour se défendre. Mais ça ne sert à rien quand on a affaire à quelqu'un qui en tue sept, comme moi, d'un seul coup.

— N'êtes-vous pas blessé? demandèrent les cavaliers.

— Ils ne m'ont même pas défrisé un cheveu, répondit le tailleur. Les cavaliers ne voulurent pas le croire sur parole et ils entrèrent dans le bois. Ils y trouvèrent les géants nageant dans leur sang et, tout autour, il y avait des arbres arrachés.

Le petit tailleur réclama le salaire promis par le roi. Mais celui-ci se déroba et chercha comment il pourrait se débarrasser du héros.

— Avant que tu n'obtiennes ma fille et la moitié du royaume, lui dit-il, il faut encore que tu accomplisses un exploit. Dans la forêt il y a une licorne qui cause de gros ravages. Il faut que tu l'attrapes.

— J'ai encore moins peur d'une licorne que de deux géants. Sept d'un coup, voilà ma devise, répondit le petit tailleur.

Il prit une corde et une hache, partit dans la forêt et ordonna une fois de plus à ceux qu'on avait mis sous ses ordres de rester à la lisière. Il n'eut pas à attendre longtemps. La licorne arriva bientôt, fonça sur lui comme si elle avait voulu l'embrocher sans plus attendre.

— Tout doux! tout doux! dit-il. Ça n'ira pas si vite que ça.

Il attendit que l'animal soit tout proche. Alors, il bondit brusquement derrière un arbre. La licorne courut à toute vitesse contre l'arbre et enfonça sa corne si profondément dans le tronc qu'elle fut incapable de l'en retirer. Elle était prise!

— Je tiens le petit oiseau, dit le tailleur.

Il sortit de derrière l'arbre, passa la corde au cou de la licorne, dégagea la corne du tronc à coups de hache et, quand tout fut fait, emmena la bête au roi.

Le roi ne voulut pas lui payer le salaire promis et posa une troisième condition. Avant le mariage, le tailleur devait capturer un sanglier qui causait de grands ravages dans la forêt. Les chasseurs l'aideraient.

— Volontiers, dit le tailleur, c'est un jeu d'enfant.

Il n'emmena pas les chasseurs avec lui, ce dont ils furent bien contents car le sanglier les avait maintes fois reçus de telle façon qu'ils n'avaient aucune envie de l'affronter.

Lorsque le sanglier vit le tailleur, il marcha sur lui l'écume aux lèvres, les défenses menaçantes, et voulut le jeter à terre. Mais l'agile héros bondit dans une chapelle qui se trouvait dans le voisinage et d'un saut en ressortit aussitôt par une fenêtre. Le sanglier l'avait suivi. Le tailleur revint derrière lui et poussa la porte. La bête furieuse était captive. Il lui était bien trop difficile et incommode de sauter par une fenêtre. Le petit tailleur appela les chasseurs. Ils virent le prisonnier de leurs propres yeux. Le héros cependant se rendit chez le roi qui dut tenir sa promesse, bon gré mal gré! Il lui donna sa fille et la moitié de son royaume. S'il avait su qu'il avait devant lui, non un foudre de guerre, mais un petit tailleur, l'affaire lui serait restée encore bien plus sur le cœur. La noce se déroula donc avec grand éclat, mais avec peu de joie, et le tailleur devint roi. Au bout de quelque temps, la jeune reine entendit une nuit son mari qui rêvait.

— Garçon, disait-il, fais-moi un pourpoint et raccommode mon pantalon, sinon je te casserai l'aune sur les oreilles!

Elle comprit alors dans quelle ruelle était né le jeune roi et au matin, elle dit son chagrin à son père et lui demanda de le protéger contre cet homme qui n'était rien d'autre qu'un tailleur. Le roi la consola et lui dit :

— La nuit prochaine, laisse ouverte ta chambre à coucher. Quand il sera endormi, mes serviteurs qui se

trouveront dehors entreront, le ligoteront et le porteront
sur un bateau qui l'emmènera dans le vaste monde.

Cela plut à la fille. Mais l'écuyer du roi, qui avait tout entendu, était dévoué au jeune seigneur et il alla lui conter
toute l'affaire.

— Je vais leur couper l'herbe sous les pieds, dit le petit tailleur.

Le soir, il se coucha avec sa femme à l'heure habituelle.
Quand elle le crut endormi, elle se leva, ouvrit la porte
et se recoucha. Le petit tailleur, qui faisait semblant de
dormir, se mit à crier très fort :

— Garçon, fais-moi un pourpoint et raccommode mon
pantalon, sinon je te casse l'aune sur les oreilles, j'en ai
abattu sept d'un coup, j'ai tué deux géants, capturé une
licorne et pris un sanglier et je devrais avoir peur de ceux
qui se trouvent dehors, devant la chambre?

Lorsque ceux-ci entendirent ces paroles, ils furent saisis
d'une grande peur. Ils s'enfuirent comme s'ils avaient eu le
diable aux trousses et personne ne voulut plus se mesurer
à lui. Et c'est ainsi que le petit tailleur resta roi, le reste de
sa vie.                    (site.zep.vallons.free.fr/ecoles/perrin)

## Un tailleur devient roi

Le tailleur représente quelqu'un qui habille, qui met
en forme, qui sait travestir, donc vêtir, la réalité, l'habiller
pour l'extérieur. C'est quelqu'un qui connaît la juste mesure
des choses, mais qui sait aussi agrandir ou réduire; c'est un
expert en mesures. C'est quelqu'un qui sait mettre en valeur
la personnalité qu'il habille. Il sait ce qu'il faut pour « habiller » une réalité intérieure afin de la présenter à l'extérieur.
Les habits représentent la *persona*, les liens de l'être avec la
société. Le tailleur symbolise le lien, l'articulation entre

intimité et public, entre personnel et collectif. Et c'est à la nécessité de ce lien qu'il répond, quand il prend conscience de la nécessité de porter à l'extérieur son exploit.

Le point de départ est donné par l'irruption de l'inattendu dans sa vie. La femme qui passe, l'autre, différente, représente une intrusion dans son monde. Mais elle est paysanne, donc enracinée, avec une capacité à faire fructifier les dons de la Terre Mère. Les mouches, autres intruses, symbolisent ce qui revient sans cesse, ce qui va partout. Elles sont désagréables à l'intérieur de la maison et sont assimilables aux idées obsessionnelles.

L'exploit du petit homme semble ridicule? Avez-vous déjà essayé de tuer ne serait-ce qu'une seule mouche? Savez-vous combien il faut d'énergie pour chasser une seule de ces bêtes noires? Alors sept! Mais contrairement à certaines autres versions qui mentionnent cinquante mouches, ce qui tiendrait de l'exploit, les sept mouches sont encore du domaine du possible. Pas du facile, mais du faisable. Sept donc : symbolique multiple qui marque aussi un cycle complet, tels les sept jours de la semaine. C'est un indice de totalité, qui indique une nécessité de passer à un autre cycle.

Le petit tailleur a conscience de la valeur de son acte : après cet exploit, il se sent capable, voire obligé, de montrer, de témoigner à l'extérieur, de ce qu'il a réussi.

La ceinture implique un rituel de sortie, de passage. Ainsi, il importait de « se ceindre les reins » avant de prendre le départ. Dans les différents passages que le tailleur va vivre, la ceinture va faire le lien; elle rappellera, comme un refrain gravé dans la mémoire, « sept d'un coup », retour à la force intérieure dans les moments de difficultés extérieures.

C'est que les passages qu'il va vivre vont le mener de la condition de tailleur à celle de roi et qu'ils sont accompagnés d'épreuves : rencontres avec un, puis avec plusieurs géants, sangliers, licorne, etc.

Le géant parle des instincts en nous, des aspects indifférenciés, grossiers. Même quand nous sommes très raffinés, nous avons tous des géants en nous : affects incontrôlés, grosses colères, opinions « grossières » et simplificatrices, univoques. Contre ces géants, pas question d'affrontement direct, il faut ruser. Et le tailleur, qui possède la faculté de jouer sur plusieurs registres, ruse! Il sait prendre du recul quand les situations deviennent trop tendues, élargir la perspective pour prendre de la distance, comme monter sur le cerisier pour voir de plus haut. Ainsi, le tailleur triomphera grâce à sa ruse et deviendra roi.

Sur le plan psychique, le roi symbolise le chef en nous, celui qui décide, qui agit, qui autorise, qui coordonne les forces. Il est au centre de la personnalité, de la conscience. Il doit évoluer s'il veut protéger le « royaume ». Dans le conte, le tailleur va passer de la condition modeste de tailleur à celle de roi, donc à la conscience d'être « le chef dans sa vie ». Sa nouvelle personnalité est plus vaste, moins étriquée, moins « mesurée », à la tête de plus de choses, « au centre de sa vie ».

Et pourtant, arrivé au statut de roi, il rêve qu'il est maître-tailleur, comme si le nouvel horizon était trop vaste pour lui.

Heureusement, l'écuyer le prévient du nouveau danger qui le menace. L'écuyer, celui qui se met librement au service de son chevalier et roi. S'il accepte de servir, il s'engage à ne plus avoir d'engagement envers sa terre et sa famille. Il ne se soucie ni de son corps, ni de son âme, ni de son esprit. En particulier, il ne connaît ni fatigue ni faim et il ne s'occupe pas de savoir ce que les autres pensent de lui. Il s'engage à ne pas imiter son chevalier, ni en paroles ni en actes, pour ne pas être esclave. Il incarne le service librement consenti et accompagne le chevalier pour qu'ensemble ils apprennent sur les chemins qui ils sont. Il faudra au roi tailleur toute l'affection de l'écuyer pour trouver le lien entre rêve et réalité, entre conscient et inconscient, entre savoir-faire et savoir-être.

Racontant l'articulation entre réalité intérieure et extérieure, ce conte parle de la nécessité de « prendre la route », de la nécessité de renouvellement, de l'élargissement du « royaume », de la conquête de nouveaux territoires.

## Le berger et le tailleur

De nombreux motifs et symboles, présents dans le cycle de David, se retrouvent dans d'autres textes fondateurs, tels les contes. Parmi les plus visibles : le plus petit des enfants que le messager du roi doit insister pour voir, comme dans *Cendrillon*, le gâteau fait par la princesse pour guérir le prince malade comme dans *Peau d'âne*, ou l'épée comme Excalibur dans le cycle arthurien…

Dans son déploiement, l'histoire du vaillant petit tailleur fait écho aussi à la vaillance avec laquelle le peuple juif, petit et meurtri, s'est mis à écrire sa propre histoire, à découvrir les rouleaux de sa mémoire (2 *Rois* 22 – 23), à lire et à traduire la Parole qui le fait vivre (*Néhémie* 8). Elle fait écho à la manière dont le peuple se dit et à sa capacité de retrouver l'essentiel, à l'articulation profonde qui noue foi et vie.

Certains éléments du conte éclairent plus précisément le cycle de David. De même que nous avons travaillé avec plusieurs versions pour le conte, nous vous encourageons à savourer plusieurs traductions, en plusieurs langues, si vous entendez plusieurs langues, et à plusieurs voix si vous pouvez travailler en groupe[54].

Le berger : il est celui qui ne dort pas et qui veille. Il est aussi nomade. Il est capable de trouver de la nourriture pour ses animaux. Il sait observer le ciel et prévoir le temps qu'il va faire. Dans la Bible, il est responsable après Dieu, le Berger par excellence, de guider le peuple.

Aussi bien le tailleur que David sont petits par leur position dans la société. Ce sont de petites gens. David est le petit dernier. Malgré la fonction royale attachée dans la Bible à la figure du berger, au début de l'histoire, David est tout sauf grand. Mais les deux font un travail qui en fait des personnes compétentes, qui ont du savoir-faire. Et les deux sont appelés à changer d'espace.

Dans le conte, le féminin fait irruption dans l'histoire du tailleur, de manière brève et furtive. Pourtant ce féminin est à la fois nourrissant et moteur. De même, dans l'histoire du jeune David, le féminin est plus que discret. Il n'est dit qu'à travers sa capacité à jouer de la musique, mais celle-ci est vitale puisqu'elle apaise Saül.

---

[54]   Ainsi, la version *Contes choisis des frères Grimm*, traduits de l'allemand par Frédéric Baudry, Paris, librairie Hachette, 1875. Dans la version des *Contes fantastiques et contes facétieux*, le conte parle de crème et non de confiture. Les deux sont un produit de transformation, mais la symbolique est assez différente.

Le tailleur va en tuer sept d'un coup et il considère que c'est un exploit. Le chant populaire qui salue les exploits de David dit que Saül a tué ses mille et David ses dix mille. Dans les deux histoires, il y a articulation entre sécurité intérieure et ce qu'on va pouvoir en faire dans le monde.

David va, comme le petit tailleur, affronter le géant. Comme lui, il va être soumis à des épreuves, et comme lui, il va en réchapper, souvent par ruse. Comme pour le tailleur, le roi aura envie de se débarrasser de lui et comme lui, il va épouser la princesse.

Et si le tailleur doit affronter la licorne qui se prend dans l'arbre, David doit affronter son fils Absalom, qui se prend les cheveux dans l'arbre. La licorne est un symbole chrétien de même que l'expression du pouvoir spirituel féminin, alors que les cheveux symbolisent la virilité. Absalom est celui qui n'a jamais pu oublier le viol de sa sœur Tamar.

D'autres éléments encore rapprochent les deux figures :

—  Malgré le sérieux de la tâche qu'ils ont à accomplir, l'un et l'autre sont facétieux et espiègles, ils savent siffler et danser.

—  C'est sa femme qui comprend que le roi est un ancien tailleur. C'est Mikhal, la femme de David, qui rit de lui. Elle trouve que le roi n'est pas digne de sa nouvelle condition (2 *Samuel* 6).

—  Le tailleur fait semblant de rêver, à la fin du conte ; David fait à plusieurs reprises semblant d'être malade.

—  Le tailleur ne fait pas consciemment le lien avec ses origines, mais de manière voilée, à travers les images oniriques. David a oublié pendant des années ses origines de musicien et de berger. Il ne comprend pas consciemment la faute commise sur Urie et Bethsabée et il faut le langage imagé de Nathan pour éveiller sa conscience.

— Dans le conte comme dans le cycle de David, la fin du conte n'est pas clôture idéaliste.

L'histoire du tailleur finit un peu en queue de poisson. Seule l'imagination peut dire ce qu'il adviendra du vaillant tailleur. À la chute du rideau, il devient roi pour lui tout seul. Il a fait disparaître des dangers du royaume, mais il n'est pas fédérateur. Il reste couronné, mais deviendra-t-il un jour le prince aimable attendu par la princesse et accueilli comme fils bien-aimé par le roi? Sera-t-il capable un jour de succéder au roi par adhésion de ses sujets, par amour, par respect et non à cause de la peur qu'il a inspirée? Il a su se faire entendre, mais saura-t-il apprendre que les oreilles ne sont pas faites pour être frottées mais pour écouter? Sera-t-il capable de construire une relation personnelle avec sa jeune femme, avec son beau-père, avec ses sujets? Apprendra-t-il à les écouter comme il a appris à écouter son écuyer?

David, le berger, a été un guide pour son peuple. Comme le tailleur, il a su faire face à tous les dangers. Il a su mobiliser toutes ses ressources pour devenir roi. Il a su être au service du divin en lui pour élargir le royaume. Cependant, il n'est pas encore celui qui construira une maison pour Dieu. Il n'est pas encore celui qui sera un fils pour son Dieu. Comme le tailleur, il ne sait pas rencontrer les figures à la source de sa vie : parents, femmes, enfants. Absence de la figure maternelle, difficultés avec la figure du père. Méconnaissance du féminin qui habite sa vie, engendrements mortifères…

Il aura besoin de toute une vie pour apprivoiser la maladie, le désir, la jalousie, la vengeance, la violence, le pardon. Jusqu'à la fin de ses jours, il sera en quête de ce qui le fonde et le fait vivre.

Et pourtant, quand il s'est agi de « prendre la route », de dire le nécessaire passage entre réalité intérieure et extérieure, le renouvellement, l'élargissement du « royaume », la résurrection possible, l'inconscient collectif a retenu la figure de David et celle du vaillant tailleur, malgré leurs imperfections.

L'une comme l'autre sont d'une profonde humanité. David comme le tailleur font un travail en profondeur sur les crises qu'ils traversent. Et l'un comme l'autre sont capables d'apporter de la légèreté dans la gravité de la vie.

Le tailleur parle aux mouches puis écrit. Ses paroles sont lues ensuite et chacun lit ce qu'il veut lire. « Sept d'un coup » écrit, relu et réinterprété dans une modification mutuelle de la reconnaissance et de l'identité. David vit dans une relation étroite avec les paroles de son Dieu et « selon qu'il est écrit » (1 Rois 2, 3).

Par rapport au conte du tailleur, le cycle de David exprime consciemment le rapport incontournable au divin. Mais l'histoire ne s'y est pas trompée. Même s'il ne parle pas de Dieu, le conte du petit tailleur a surgi à la Renaissance en Europe et il a été raconté du haut de la chaire[55].

---

[55]    Le conte du vaillant petit tailleur est publié par Martinus Montanus de Strasbourg, dans un ouvrage intitulé *Wegkürzer*, en 1557. Les frères Grimm se réfèrent à cette source, mais ajoutent qu'il faudrait mentionner comme autre source un passage d'un sermon d'un certain Bosecker, publié à Munich en 1614 (Revue Germania de 1872).

La mise par écrit des récits fondateurs a été constitutive de l'identité d'Israël. Écrire « Sept d'un coup » ou écrire l'histoire de David procède de la même quête identitaire.

# Chapitre 6

# Tisser pour le Royaume

La Bible, telle qu'elle se donne à nous aujourd'hui, est tissée horizontalement et verticalement. Elle est tissée dans sa dimension communautaire et individuelle. Elle est tendue dans sa dimension temporelle. Les faits bibliques ne « sont pas trop beaux ». Ils sont inscrits dans la réalité humaine, dans la temporalité, dans l'espace. La Bible est tissée à travers le temps, les langues, les couches sémantiques et culturelles. Elle est tendue entre le passé, le présent et l'avenir. Elle est tendue entre le Je, l'Autre et le Tout Autre.

La recherche autour *du* texte original, de *l'auteur véritable* des textes bibliques, s'apparente à la quête des origines, de la Vérité, du Paradis perdu. Cette quête est désespérée, *le* texte source, *le* récit fondateur à la source de ce texte sont à jamais inaccessibles. Faire le deuil de la quête des origines, du Paradis perdu, c'est aussi renouer avec la puissance des textes, c'est les prendre au sérieux comme tels, non pas seulement en fonction de leur généalogie.

Abandonner les besoins de certitudes ne signifie pas renoncer à comprendre. Se rapprocher, en apprendre davantage, sur les communautés, les groupes, les individus qui ont transmis le texte, le monde dans lequel ils ont vécu et leur regard sur ce monde en fonction des recherches historiques, archéologiques, ethnologiques, etc., offre de nouvelles perspectives, des éclairages renouvelants. Ce n'est pas parce que la recherche fondamentale ne nous apporte pas de certitudes absolues en termes de *vérité et d'origine* qu'elle ne nous apporte rien. Il n'est pas nécessaire de savoir l'hébreu, le grec ou l'araméen pour approcher le texte biblique, mais l'apprentissage de ces langues participe à sa « caresse[56] ». Si, par ailleurs, ces langues nous sont inaccessibles, c'est une richesse de disposer de plusieurs traductions, qui peuvent apporter au même texte un éclairage multiple.

Le texte, tel qu'il nous est donné aujourd'hui, et indépendamment de toute recherche sur les sources, les contextes, dans la traduction qui nous est familière, a une richesse et une portée qui lui sont propres. Il est le fruit de l'enfantement de nombreuses générations, qui l'ont guidé jusqu'à nous dans sa forme et sa version actuelles. Il est le témoin et l'héritier du travail et du choix de communautés qui ont veillé à sa transmission. Participer à cette transmission implique un travail de mise en relation, à la recherche de points de repère dans le monde qui est le nôtre et, en particulier, parmi les autres témoins qui procèdent du même enfantement. Suivre chacun des fils du tissage, les voir se soutenir par la trame, se fondre dans la toile, devenir motif.

---

[56]  M.-A. OUAKNIN, *Lire aux éclats*, p. VI.

Les questions de compréhension restent, nombreuses : à qui le texte donne-t-il la place et la parole? De quoi le texte parle-t-il? D'où, de quelle époque, de quelle région, de quel milieu? Ce texte a-t-il des sources ou des parallèles? Dans la Bible? En dehors de la Bible? Qui a écrit ce texte? À quelle époque? Depuis quelle situation socio et géopolitique? Dans quelle langue? Que s'est-il passé dans le quotidien des auteurs pour qu'ils aient besoin de se souvenir et de transmettre cette histoire? En quoi cette histoire contribue-t-elle à l'identité des auteurs? Quel est le parcours de ce texte? Dans la Bible? En dehors de la Bible?

Et ces questions s'enrichissent de questions fondatrices : comment nouer notre propre histoire à celle d'une humanité vaillante en quête de son royaume? Quels habits tailler pour les quêtes de notre temps? Quels pâturages trouver pour nourrir nos faims? Quels mots écrire sur nos ceintures et sur nos toiles?

Tendre sans relâche le tissage de nos certitudes
sur le métier du texte.

Travailler et se laisser travailler par ses passages.

Navette ininterrompue entre Parole et Écriture
pour un jour nouveau.

Pour que d'écrits en langues mortes jaillisse
une Parole de Vie.

Espérance inaltérable, remplie de danses et de chants.

# Un conte biblique en guise de conclusion et d'ouverture

Pour devenir contes, les histoires de la Bible doivent entrer dans l'universalité, apprendre à se passer de la matrice biblique, apprivoiser des mondes où leurs référents sont inconnus ou inopérants. Elles doivent quitter le temps et l'espace, tout en s'inscrivant dans la réalité pour la transformer. Beau défi pour un monde qui perd les repères de son passé et craint son avenir.

Le texte biblique que je voudrais prendre « en conte » en guise de conclusion ou d'ouverture pour de futures mises en lien est celui de *Genèse* 19, 26 : *Or la femme de Lot regarda en arrière, et elle devint une colonne de sel.* Le contexte va de *Genèse* 18, 20 à *Genèse* 19, 26.

> Le Seigneur dit : « La plainte contre Sodome et Gomorrhe est si forte, leur péché est si lourd que je dois descendre pour voir s'ils ont agi en tout comme la plainte en est venue jusqu'à moi. Oui ou non, je le saurai. »

> Les hommes se dirigèrent de là vers Sodome. Abraham se tenait encore devant le Seigneur, il s'approcha et dit : « Vas-tu vraiment supprimer le juste avec le coupable?

Peut-être y a-t-il cinquante justes dans la ville! Vas-tu vraiment supprimer cette cité? Ou lui pardonner à cause des cinquante justes qui s'y trouvent? Loin de toi une telle conduite! Faire mourir le juste avec le coupable? Il en serait du juste comme du coupable? Loin de toi! Le juge de toute la terre n'appliquerait-il pas le droit? » Le Seigneur dit : « Si je trouve à Sodome cinquante justes au sein de la ville, à cause d'eux je pardonnerai à toute la cité. »

Abraham reprit et dit : « Je vais me décider à parler à mon Seigneur, moi qui ne suis que poussière et cendre. Peut-être sur cinquante justes en manquera-t-il cinq! Pour cinq, détruiras-tu toute la ville? » Il dit : « Je ne la détruirai pas si je trouve quarante-cinq justes. »

Abraham reprit encore la parole et lui dit : « Peut-être s'en trouvera-t-il quarante! » Il dit : « Je ne le ferai pas à cause de ces quarante. »

Il reprit : « Que mon Seigneur ne s'irrite pas si je parle; peut-être là s'en trouvera-t-il trente! » Il dit : « Je ne le ferai pas si j'y trouve ces trente. »

Il reprit : « Je vais me décider à parler à mon Seigneur : peut-être là s'en trouvera-t-il vingt! » Il dit : « Je ne détruirai pas à cause de ces vingt. »

Il reprit : « Que mon Seigneur ne s'irrite pas si je parle une dernière fois : peut-être s'en trouvera-t-il dix! — Je ne détruirai pas à cause de ces dix. »

Le Seigneur partit lorsqu'il eut achevé de parler à Abraham et Abraham retourna chez lui.

Les deux anges arrivèrent le soir à Sodome alors que Loth était assis à la porte de Sodome. Il les vit, se leva pour aller à leur rencontre et se prosterna face contre terre. Il dit : « De grâce, mes seigneurs, faites un détour par la maison de votre serviteur, passez-y la nuit, lavez-vous les pieds, et de bon matin vous irez votre chemin. » Mais ils lui répondirent : « Non! Nous passerons la nuit sur la place. » Il les pressa tant qu'ils firent un détour chez lui et arrivèrent à sa maison. Il leur prépara un repas, fit cuire des pains sans levain et ils mangèrent.

Ils n'étaient pas encore couchés que la maison fut cernée par les gens de la ville, les gens de Sodome, du plus jeune au plus vieux, le peuple entier sans exception. Ils appelèrent Loth et lui dirent : « Où sont les hommes qui sont venus chez toi cette nuit? Fais-les sortir vers nous pour que nous les connaissions. » Loth sortit vers eux sur le pas de sa porte, il la ferma derrière lui et dit : « De grâce, mes frères, ne faites pas de malheur. J'ai à votre disposition deux filles qui n'ont pas connu d'homme, je puis les faire sortir vers vous et vous en ferez ce que bon vous semblera. Mais ne faites rien à ces hommes puisqu'ils sont venus à l'ombre de mon toit. » Ils répondirent : « Tire-toi de là! » et ils dirent : « Cet individu est venu en émigré et il fait le redresseur de torts! Nous allons lui faire plus de mal qu'à eux. » Ils poussèrent Loth avec violence et s'approchèrent pour enfoncer la porte. Mais les deux hommes tendirent la main pour faire rentrer Loth à la maison, près d'eux. Ils fermèrent la porte et frappèrent de cécité les gens qui étaient devant l'entrée de la maison, depuis le plus petit jusqu'au plus grand; ils ne purent trouver l'entrée.

Les deux hommes dirent à Loth : « Qui as-tu encore ici? Un gendre? Tes fils? Tes filles? Tout ce que tu as dans la ville fais-le sortir de cette cité. Nous allons en effet la détruire car elle est grande devant le Seigneur, la plainte qu'elle provoque. Il nous a envoyés pour la détruire. » Loth sortit pour parler à ses gendres, ceux qui allaient épouser ses filles, et il leur dit : « Debout! Sortez de cette cité car le Seigneur va détruire la ville. » Mais aux yeux de ses gendres, il parut plaisanter.

Lorsque pointa l'aurore, les anges insistèrent auprès de Loth en disant : « Debout! Prends ta femme et tes deux filles qui se trouvent ici de peur que tu ne périsses par la faute de cette ville. » Comme il s'attardait, les deux hommes le tirèrent par la main, lui, sa femme et ses deux filles, car le Seigneur avait pitié de lui; ils le firent sortir pour le mettre hors de la ville. Comme ils le menaient dehors, ils dirent à Loth : « Sauve-toi, il y va de ta vie. Ne regarde pas derrière toi, ne t'arrête nulle part dans le District! Fuis vers la montagne de peur de périr. » Loth leur dit : « À Dieu ne plaise! Voici, ton serviteur a trouvé grâce à tes yeux et tu as usé envers moi d'une grande amitié en me conservant la vie. Mais moi, je ne pourrai pas fuir à la montagne sans être atteint par le fléau et mourir. Voici cette ville, assez proche pour y fuir, et insignifiante. Je voudrais m'y réfugier. N'est-ce pas demander peu de chose pour rester en vie? » Il lui répondit : « Vois! Je te fais encore cette faveur et je ne bouleverserai pas la ville dont tu me parles. Réfugie-toi là-bas au plus vite, car je ne peux rien faire jusqu'à ce que tu n'y sois arrivé. » C'est pourquoi on appelle cette ville Çoar.

Le soleil se levait sur la terre et Loth entrait à Çoar quand le Seigneur fit pleuvoir sur Sodome et Gomorrhe du soufre et du feu. Cela venait du ciel et du Seigneur. Il bouleversa ces villes, tout le District, tous les habitants des villes et la végétation du sol. La femme de Loth regarda en arrière et elle devint une colonne de sel.
(*Genèse* 18, 20 — 19, 26; version TOB)

Quelquefois, c'est la rencontre avec un espace d'incarnation du texte qui va faire naître le texte au conte. Après des versions et des variations successives sur le thème de la femme de Lot, le conte biblique « La dame de sel » est né de la rencontre entre une histoire biblique unique, un verset unique, et un moment unique au Sahel. Le mot « Sahel » signifie rivage en arabe; il désigne la bande de terre dans laquelle la vie est de nouveau possible après le désert aride. C'est en ces lieux que les pistes symboliques qui traversent le récit de la *Genèse* se sont déployées et que l'histoire a tissé les couleurs de l'humanité au-dessus du désert.

## La dame de sel[57]

Il y avait dans l'ancien temps une famille d'éleveurs nomades assez riche, parce qu'elle avait un très grand troupeau. Le troupeau était si grand qu'un jour le Vieux décida que la famille devait se séparer. Ensemble en effet, ils n'arrivaient plus à trouver des pâturages suffisants pour nourrir toutes leurs bêtes.

Un matin donc, son neveu, dont le nom est Lot, a réclamé sa part du troupeau. Puis il est parti de son côté avec sa femme, ses serviteurs, ses enfants. Et comme il était sans doute trop fatigué par sa vie de nomade, il a décidé de s'installer en ville. Oh, je ne sais ce qu'il a fait en ville ni comment il a nourri sa famille. L'histoire ne le dit pas. Mais sans doute a-t-il donné ses troupeaux à garder aux bergers? Tout ce que je sais, c'est qu'il s'est installé en ville.

Et sa femme en était assurément bien heureuse. Elle avait une vie très difficile comme nomade. Bien sûr, comme ils étaient assez riches, elle avait des servantes. Mais elle était sans doute debout à cinq heures, en route avec elles, encore dans la nuit,

[57]   Avec mes remerciements aux femmes de « Femmes et Solidarité SOFEMA », aux hommes de Bermo, et aux personnes qui m'ont emmenée en brousse, pour m'avoir permis de revisiter ce texte de la *Genèse* (Maradi, janvier 2005).

jusqu'au puits, à une lieue, à dix lieues. Elles remplissaient leurs canaris d'eau, les posaient sur leur tête et revenaient au campement. Ensuite, elle devait veiller à ce que le feu soit ravivé, le repas des hommes mis en route. Il fallait aussi partir, au loin quelquefois, pour chercher du bois, et, pliée en deux, tamiser le sable pour récolter les pois chiches de terre. Et encore s'occuper des agneaux et des veaux, traire les vaches.

Et la poussière qui envahit tout et le sable dont on peut à peine se protéger et les habits à frotter de ses mains... Et monter les tentes, et les démonter... Oui, la vie était dure alors.

Elle s'est réjouie de la maison qu'il a trouvée pour elle. En terre rose-doré peut-être, peut-être ronde, ou alors carrée, mais avec une cour, sûrement, pour abriter le foyer, et une porte pour la fermer et peut-être un arbre pour l'ombrager. Une belle maison.

Elle est heureuse d'avoir un toit en chaume, une vie un peu plus aisée. Peut-être petit à petit des amies pour partager les moments de joie et les moments de peine entre femmes, parler de ses filles. Parce qu'elle n'a pas d'enfant, de garçon. Se soucier de les voir mariées. Qu'est qu'une femme sans mari? D'ailleurs ses deux aînées sont déjà mariées. Mais il en reste deux avec elle. Elles sont bien jeunes encore, encore vierges, leur père va sûrement bientôt les donner.

Pourtant dans cette ville tout n'est pas parfait. Au contraire. D'abord, ils n'ont pas été accueillis avec ce sens de l'hospitalité auquel ils sont habitués et qui fait de l'étranger un roi. Ils sont des étrangers qui dérangent. Des étrangers qui prient Dieu l'Unique, alors que dans cette ville, on adore de nombreux dieux. Ils sont les éleveurs nomades étrangers, venus du désert, et se sont établis parmi les agriculteurs. Pourtant, dans leurs déplacements, ils ont vécu à leur côté. Ils ont fait paître leurs troupeaux. Mais les gens de la ville l'ont oublié... C'est une mauvaise ville vraiment.

Et d'ailleurs Dieu l'Unique en a assez. Il y a trop de mal dans cette ville, trop peu de respect, envers les étrangers, les vieux, les femmes, les filles. Les gens ne pensent qu'aux plaisirs faciles. Ils prennent tout ce qui est à leur portée pour s'amuser : le bien des autres, les fils des autres, les femmes des autres. Alors Dieu l'Unique décide de raser la ville, avec un grand feu pour purifier l'endroit et peut-être la transformer en terre de culture. Et il en informe le Vieux.

Mais le Vieux sait que Dieu l'Unique est un dieu juste et attentif. Il sait que Dieu l'Unique ne ferait pas mourir par le feu des gens qui respectent la vie. Alors le Vieux parlemente et palabre avec Lui : Et s'il y a cinquante justes dans cette ville, les feras-tu mourir? Et s'il y a vingt justes, les feras-tu mourir? Et même s'il n'y en a que dix, les feras-tu mourir?

Et Dieu l'Unique, parce que le Vieux s'est mis debout devant lui et lui a parlé, accepte de sauver les justes de la ville avant de la raser. Il envoie ses hommes, ses anges, pour les prévenir de partir. Hommes, anges, on ne saura jamais... En tout cas, un soir, Lot voit arriver à la porte de la ville deux étrangers qui veulent passer la nuit sur la place. Il a gardé son sens de l'hospitalité, il a envie aussi peut-être d'avoir des nouvelles des siens. Alors il les presse tant qu'ils viennent dans sa maison. Ils se lavent les pieds et s'installent sur les nattes pendant que les femmes s'affairent à cuire le pain sans levain. Et ils partagent le même plat, puisant avec leurs doigts, ceux de la main pure, les mets savoureux qui les ravigotent.

Mais ils ne sont pas encore couchés que voilà les hommes de la ville, du plus jeune au plus vieux, qui viennent crier devant la maison. « Il paraît que tu as de la visite? Donne-nous donc ces hommes, qu'on s'amuse un peu avec eux! » Lot sort de sa maison et essaie de les raisonner : « Ne faites pas des choses contre nature, laissez mes hôtes tranquilles. Voyez, j'ai deux filles encore vierges. Je vais vous les amener. Faites-en ce que vous voulez. »

Sa femme, qui écoute derrière la porte, sent son cœur s'arrêter. Toute sa vie de femme défile devant ses yeux. Elle a été donnée très jeune à son mari. Bien sûr, se marier, elle en a toujours rêvé, comme toutes les petites filles. Elles en riaient entre elles. Certaines étaient promises encore enfants. Le mariage, l'accès au monde des grandes et la considération... Elles se voyaient choisies entre toutes pour être la première épouse et, si Dieu le voulait, la seule, celle qui le comblerait de fils. Quelquefois ça arrivait. Encore que souvent les hommes n'avaient pas le choix, même ceux qui étaient sincères et bons. Les hommes devaient marier les femmes choisies par leurs parents pour agrandir le troupeau ou nourrir la famille; ils devaient marier les veuves des parents morts, avoir des enfants, assurer la survie de la famille. Le Vieux lui-même, ce juste parmi les justes, a pris une coépouse. Il paraîtrait que c'est sa femme qui le lui a proposé et qu'elle lui a même donné sa servante. Pourtant une servante comme coépouse, c'est la pire des humiliations. Mais une femme ferait tout pour ne pas être répudiée, rejetée, rayée.

La vie se chargeait de vous apprendre la réalité. Le mariage ne vous amène pas si vite dans le monde des femmes et du respect. Après la fête des bœufs et les pleurs obligatoires, après qu'on lui ait tapé la tête avec un rameau, des semaines plus tard, sa mère l'a conduite chez son fiancé. Deux jours passés derrière la tente de sa belle-mère, sans oser parler, sans avoir de maison à elle. Puis sa mère l'a ramenée. Il a fallu toute une année avant qu'on n'apporte sa couche chez Lot et qu'ils vivent ensemble. Et encore quatre ans avant qu'elle n'ait sa propre tente.

Puis elle pense à son aînée et ses larmes se mettent à couler. Son père l'a fiancée et un beau jour, apprêtée par les vieilles de la ville, emmenée dans la case nuptiale avec les cris de joie des femmes, sans avoir compris ce qui l'attendait, arrachée à ses compagnes de jeu, elle a été offerte à son mari. Cette horrible nuit de noces où les vieilles se sont installées autour de la case guettant les cris de la jeune épousée... Une vierge ne crie pas quand elle est sacrifiée... Déchirée par l'homme, elle a dû se mordre les lèvres pour ne pas hurler, pour ne pas se faire taper. Et elle, sa mère, n'a pas pu la protéger. On l'aurait simplement renvoyée.

Si ses filles doivent être violées, autant les tuer. Elles ne seront même plus bonnes à marier, peut-être même seront-elles filles-mères, sans aucun avenir, rejetées par tout le monde, par leur père en premier. Mais que peut-elle faire? Personne ne lui demande son avis, personne ne voit même qu'elle existe, on ne se souvient même pas de son nom. Ombre de femme parmi les femmes, comme tant de ses sœurs, elle n'a qu'à se taire.

Mais Lot lui-même ne fait pas la loi dans cette ville. Il a oublié qu'il n'est qu'un étranger et qu'il n'a rien à dire. Les habitants de ce lieu sont violents et menacent d'entrer de force dans sa maison. Heureusement que les anges sont là pour le tirer à l'abri. Ils lui expliquent leur mission et l'incitent à plier bagage : « Dès le lever du jour, lève-toi, pars, quitte la ville, ne regarde pas en arrière, laisse tout, va-t'en, il en va de ta vie; et surtout ne te retourne pas, ne t'arrête pas, cours à la montagne, dépêche-toi, Dieu l'Unique va détruire cette ville. »

Les gendres, invités à fuir avec eux, ne veulent pas venir. Ils ne croient pas vraiment que Dieu l'Unique va punir la ville. Lot lui-même n'est pas convaincu. Les anges doivent le traîner de force, avec sa femme et ses deux filles, en dehors de la ville. Et même là, il a du mal à se décider. Les anges lui disent : « Grimpe sur la montagne pour ne pas être emporté », mais Lot se sent trop fatigué pour grimper, il n'arrive pas à imaginer monter sur la montagne, se dépêcher... Alors qu'il a le feu aux trousses et qu'il y va de la vie des siens, il palabre et négocie : « Je ne peux pas aller jusqu'à la montagne, c'est trop loin, trop haut, je ne peux pas y arriver, laisse-moi trouver refuge là, dans la plaine, dans ce petit village. » Et parce que Dieu l'Unique aime cette famille, parce qu'il se fait du souci pour elle, les anges lui disent. « D'accord, mais dépêche-toi. »

Et elle, la femme sans nom, sans âge, sans fils, doit repartir sur les pistes, en laissant deux de ses filles derrière elle, en laissant la maison qui lui donnait un peu de repos. Elle doit repartir sur les pistes derrière cet homme qui n'a même pas le courage d'affronter les difficultés, derrière cet homme qui, cette nuit, était prêt à sacrifier la vie de ses cadettes, qui marchande son salut. Elle n'en peut plus.

Bien sûr, les hommes ont dit à Lot que s'il se retournait il serait emporté. Mais qu'est-ce qui est le pire? Être emportée par le feu et le soufre ou continuer à ne pas exister? Qu'est-ce qui est le mieux, obéir à Dieu, résignée et tête baissée, ou se retourner pour lui crier son désespoir?

Elle se retourne, et oh miracle! elle ne meurt pas. Elle reste là, elle ne peut plus avancer. Elle est figée comme une statue. Mais une statue de sel.

Le sel, en ce temps-là, en cette terre-là, c'est essentiel. Il donne du goût aux aliments, il fortifie le bétail, il est la vie.

Elle est là, au bord de la piste, symbole de vie. Elle est là, alors que tout est dévasté. Elle ne peut plus avancer, mais elle est debout, à donner du goût et de la saveur à toutes celles qui s'approchent d'elle. Elle les nourrit du sel de la vie.

Si un jour vous passez par là, vous verrez au bord du chemin une silhouette de femme tournée vers son passé.

Mais elle redit de toute éternité que la vie passe par les femmes et que les femmes, même usées, figées et muettes, même quand elles n'ont plus la force d'avancer, encore et encore, donnent du goût et de la saveur à la vie.

Et si, aujourd'hui, on a oublié Lot, on se souvient de la femme sans nom devenue Dame de sel.

Qu'on ne l'oublie jamais.

# Mercis

Les remerciements peuvent sembler fastidieux aux voyageurs qui sillonnent ces pages. Mais sans les liens qui me tissent, je ne suis rien. Aussi j'invite les hôtes de passage à s'arrêter un instant sur la toile de mes rencontres et de savourer avec moi la joie d'être, et d'être avec.

Merci à mon père pour l'infinie liberté de toutes ses questions. Par la profondeur et le bon sens de ses interrogations, il m'a incitée à franchir le prêt-à-penser pour confectionner avec lui des habits de lumière.

Merci à Rolph Hochstrasser, le pasteur qui m'a donné l'envie de goûter les textes et qui a su tisser ensemble imaginaire et réalité.

Il n'arrive pas souvent qu'une sœur devienne amie. Le travail autour des contes et de la Bible nous a fait ce cadeau. Merci à toi mon amie Marie-Jeanne Bucher-Isenmann, qui m'entraîne dans des univers fantastiques. Merci pour l'immense travail de documentation que tu as accompli afin que je puisse écrire ces pages. Sans ton infinie patience et tes réponses attentives à mes questions intempestives, je n'aurais pas pu tisser les textes bibliques avec la toile des contes.

Merci à Anne Vuistiner, ma complice depuis tant d'années. De partages informatiques en partages symboliques, nous avons marché ensemble sur bien des routes, et tes éclairages, enrichis par la psychanalyse jungienne, viennent souvent illuminer mes lectures.

Merci à mes complices bibliques à Fribourg, Débora Kapp, pasteur, et Natalie Henchoz, diacre. C'est toi Débora qui m'as arrachée à mes voies de solitude pour m'apprendre le faire ensemble. C'est toi Natalie qui m'as appris à faire de saveurs virtuelles des repas de fêtes qui nourrissent le corps aussi bien que l'âme. Mon travail ne serait rien sans le vôtre qui inscrit nos quêtes dans la communauté et la réalité.

Merci à vous, Marianne et François Périllard, Bernard et Marie-France Joss, Françoise Ghibellini, Philippe Rochat, Jean-Claude et Rose-Marie Gonthier, Jacqueline Chavre, et vous qui avez participé régulièrement ou ponctuellement à nos rencontres à cet espace du Centre de Rencontre Œcuménique de la Grangette (Lausanne, Suisse) que vous nous avez ouvert. Sans la qualité de votre accueil, sans votre regard amical et vos prises de paroles, notre collectif n'aurait pas vu le jour.

Merci à vous, Guy et Claire Govaerts, qui avez accompagné la naissance de ce texte, et toutes les douleurs qui ont participé à cette venue au mot. Sans votre a priori favorable et sans vos relectures exigeantes, je ne serais sans doute pas allée au bout de l'écriture.

Merci à sœur Marie-Brigitte et au Centre Sainte-Ursule de m'avoir offert un espace d'épanouissement qui m'a permis de me dire. Et merci à Roland Bugnon et Olivier Humbert pour les partages fraternels et animés de nos rencontres.

Merci à celles et ceux qui font de l'Université Saint-Paul, Ottawa, un lieu où le partage du savoir fait advenir. Merci à Anne Éthier qui a ouvert les portes du Nouveau Monde pour moi. Merci à Jean-Marie Debunne qui sait faire de chaque jour une Nouvelle Création. Merci à toutes les membres du Centre de femmes et traditions chrétiennes. En me rencontrant, elles ont su me faire me rencontrer. Merci à Denise Desrochers, à la proximité immédiate entre nous, à cette certitude instantanée que les mêmes racines nous portent. Merci à Pierrette Daviau, à sa confiance qui m'a permis de grandir.

Merci à toute l'équipe du site Interbible. À Jean-Chrysostome Zoloshi, dont l'incroyable capacité d'accueil surprend à chaque instant. À Yves Guillemette, dont la parole créatrice donne vie à la Parole; à Françoise Brien qui fait des espaces de rencontres un foyer; à Sylvain Campeau, qui sait, comme à la Renaissance, faire des outils d'information des outils de transformation; à Patrice Perreault, à son regard d'homme sur le féminin en nous et entre nous; à Yolande Girard pour qui vivre, c'est vivre en plénitude en se nourrissant du texte.

Merci à *Ichtus*, de l'Université du Québec à Montréal; à Raphaël Coulombe, qui m'a ouvert mon premier espace de parole Outre-Atlantique; à Madeleine Delisle, qui m'offre un jardin où reprendre souffle et cultiver nos différences.

Merci à la paroisse Saint-Marc, paroisse protestante francophone d'Ottawa, à Jacques de Réland, son pasteur, et au partage communautaire autour du serpent, dont les représentations riches de sens nourrissent encore mon regard.

Merci à mes cousins canadiens, John, Émilie, Stéphane Nemeth, qui m'avez fait une place dans votre vie, et surtout merci à toi Michèle Nemeth-Pic, qui partages avec moi des racines communes et des déracinements semblables. C'est à toi que je dois de me sentir chez moi dans l'ailleurs. Merci aussi pour tes relectures et corrections patientes et accueillantes.

Merci aux communautés de Doutchi et de Maradi, au Niger, qui m'ont permis de prendre à bras-le-corps les récits de la Nativité et de Jean-Baptiste dans le désert. Et merci à Idi Aï Modi et Idi Issa Tondi, et à toutes mes amies de l'ONG « Femmes et Solidarité SOFEMA » qui vivent au quotidien l'engagement pour la dignité de la personne. Avec notre mère Sarah, compagne d'Abraham, elles m'ont appris le rire à travers les larmes, le goût du texte qui perle au bord des lèvres, la certitude que le Royaume est en route.

Merci au chantre du monde, à Maurice Leiggener, poète dont la mission est présence et qui sait si bien guider sur la route de l'humanité. Les silences de ses remarques sur la première version de ce texte ont été si éloquents qu'ils ont fait naître au papier toutes les palabres dites et non écrites!

Merci à toutes celles et ceux avec qui les rencontres ont été brèves mais fécondes et qui ont semé au fond de moi l'envie de partages à venir.

Merci à toi, Maman, qui m'as fait naître, qui m'as tissée de tant de racines différentes et qui m'as donné en héritage la joie de la transmission. Et merci à vous toutes mes mères de chair et d'histoire qui donnent tant de saveur à ma vie.

Et je pense que tu ne m'en voudras pas, petite sœur à moi, de saluer notre Oma, notre Grande-Mère à nous, qui a ouvert notre vie à La Vie. Femme de bonté et d'exigence, de foi et de questionnement, ancrée dans la terre et reliée au ciel, c'est à toi que je dois, notre Oma, de pouvoir chanter avec le psalmiste :

> Où puis-je aller loin de ton souffle,
> où fuir loin de ta face?
> Que je grimpe jusqu'au septième ciel, tu es là,
> que je me laisse aller au monde de l'ombre, te voici.
> Que je m'élève avec les ailes de l'aurore,
> que j'aille jusqu'aux confins de la mer au couchant,
> là encore, ta main me conduit, ta droite me tient.
> Je dirai : « Que la ténèbre m'enveloppe,
> que la nuit soit pour moi une ceinture »;
> même la ténèbre n'est pas ténèbre devant toi
> et la nuit comme le jour est lumière.
> C'est toi qui as formé en moi ce qui me fait tenir debout,
> c'est toi qui m'as tissée au ventre de ma mère;
> je te rends grâce pour tant de prodiges!
> Je reconnais que je suis une vraie merveille.
> Oui, je commence à le pénétrer :
> tes œuvres sont merveilleuses.

*(D'après le psaume 139)*

# Quelques liens bibliographiques

## Bibles en traductions plurielles

*La Bible, Nouvelle traduction*, Paris/Montréal, Bayard/Médiaspaul, 2001.

*La Bible en Français Courant*, édition de l'Alliance biblique universelle, 1982.

*La Bible de Jérusalem*, Paris, Cerf, 1998.

*La Bible, Traduction André Chouraqui*, Paris, Desclée de Brouwer, 1985.

*La Nouvelle Bible Segond*, Société biblique française, 2002.

*Traduction Œcuménique de la Bible* (TOB), Paris, Cerf, 1976-1977.

## Écrits apocryphes

*La Bible, Écrits Intertestamentaires*, sous la direction de A. DUPONT-SOMMER et A. PHILONENKO, Paris, Gallimard, coll. Bibliothèque de la Pléiade, 1987. Pseudépigraphes du Premier Testament et manuscrits de la mer Morte.

## Dictionnaires, ouvrages de référence

*Nouveau vocabulaire biblique*, sous la direction de Jean-Pierre PRÉVOST, Paris/Montréal, Bayard/Médiaspaul, 2004.

*Encyclopédie du protestantisme*, Paris, Genève, Cerf/Labor et Fides, 1995.

*Histoire de l'écriture, de l'idéogramme au multimédia*, sous la direction d'Anne-Marie CHRISTIN, Paris, Flammarion, 2001.

Collection Les Cahiers Évangile, S.B.E.V. et ISCAM-production, Supplément au Cahier Évangile n° 77, *À la naissance de la parole chrétienne*.

Collection Documents autour de la Bible, Paris, Éditions du Cerf : *Prières de L'Ancien Orient*, 1989.

Collection Bibliothèque des symboles, Éditions Pardès, Puiseaux.
- — PARISOT, Roger, *Le diable*
- — LAFRANCHIS, Christian, *La vigne et le vin*
- — DUCOURTHIAL, Guy, *La Pomme*
- — GIMARAY, Virginie, *Le serpent*.

Collection Carnets de sagesse, Paris, Albin Michel : MALKA, Victor, et Marc CHAGALL, *Paroles de sagesse juive*.

Panoramas :
MONTJUVIN, J., *Panorama d'Histoire Biblique*, Paris, 1959.
MUNCH, L. et J. MONTJUVIN, *Panorama d'Histoire de l'Église*, Paris, Ed. de l'École, 1964.
SELLIER, Jean et André SELLIER, *Atlas des Peuples d'Orient, Moyen-Orient, Caucase, Asie Centrale*, Paris, Ed. La Découverte, 2004.
*L'Ancien et le Nouveau Testament, à travers 200 chefs-d'œuvre de la peinture*, texte de Régis DEBRAY, Paris, Club France Loisirs, 2004.

## Études, monographies, romans

BABIN, P., *Sigmund Freud*, Paris, Gallimard, 1990.

BAUER, Olivier, *Le protestantisme à table. Les plaisirs de la foi*, Genève, Labor et Fides, 2000.

BOINNARD, Yolande, *Le Temps Perdu*, Saint-Maurice, Suisse, éd. Saint-Augustin, 2003.

BUBER, Martin, *Je et Tu*, Paris, Aubier, trad. G. Bianquis, 1969.

BUGNON, Roland, *Lève-toi et marche. Ce Dieu qui invite au voyage*, Fribourg, Champ Libre, 2000.

CAILLOIS, Roger, *Ponce Pilate*, Paris, Gallimard, coll. L'imaginaire, 1961.

CARROLL, Lewis, *Alice au pays des merveilles*, suivi de *De l'autre côté du miroir*, Paris, Gallimard, édition de Jean Gattegno, coll. Folio classique, 2004.

COSTA, Jose, *La Bible racontée par le midrash*, Paris, Bayard, 2004.

EISENBERG, Josy et Armand ABECASSIS, *À Bible ouverte*, Paris, Albin Michel, coll. Spiritualités Vivantes, vol. 1 à 3.

FINKELSTEIN, Israël et Neil Asher SILBERMAN, *La Bible dévoilée. Les nouvelles révélations de l'archéologie*, Paris, Bayard, 2002.

GAARDER, Jostein, *Le monde de Sophie*, Paris, Seuil, 1995.

GILMORE, Robert, *Il était une fois l'Univers et autres contes du physicien perché*, Paris, Le Pommier, 2005.

GUILLEMETTE, Yves et al., *Trouver Dieu sur ma route. Parcours bibliques pour jeunes adultes*, Ottawa, Novalis, 2005.

GRIEU, Étienne, *Dieu, tu connais?*, Paris, Le sénevé, 2005.

GUEDJ, Denis, *Le théorème du perroquet*, Paris, Seuil, 1998.

HADDAD, Gérard, *Lacan et le judaïsme*, précédé de *Les sources talmudiques de la psychanalyse*, Paris, Desclée de Brouwer, 1996.

HALTER, Marek, *La mémoire d'Abraham*, Paris, Robert Laffont, coll. Pocket, 1983.

HALTER, Marek, *Le judaïsme raconté à mes filleuls*, Paris, Robert Laffont, 1999.

HEALEY, F. John, *Les débuts de l'alphabet*, Paris, Seuil, coll. Lire le passé, 1994 et 2005.

HUITEMA, Christian, *Et Dieu créa l'Internet...*, Paris, Eyrolles, 1995.

JEANRENAUD, Roland, *Paraboles à contrejour*, Fribourg, Saint-Augustin, 2003.

KAHN, Michèle, *Contes et légendes de la Bible. Du jardin d'Éden à la Terre Promise*, Havas Poche, Pocket Jeunesse, Suppl. Entracte, 1994.

KAMENETZ, Rodger, *Le juif dans le lotus, des rabbins chez les lamas*, Paris, Calmann-Lévy, 1994.

LACOQUE, André et Paul RICŒUR, *Penser la Bible*, Paris, Seuil, coll. Essais, 1998.

LA VOUIVRE, *Divinités d'aujourd'hui*, Genève, Georg, coll. Culture et Pensée jungienne, vol. 14/2004.

LELOUP, Jean-Yves, *L'Évangile de Marie, Myriam de Magdala*, Paris, Albin Michel, coll. Spiritualités vivantes, 2000.

LEVINAS, Emmanuel, *De Dieu qui vient à l'idée*, Paris, Librairie philosophique J. Vrin, 1982.

LOPEZ, Gérard, *Le non du Fils. Une expertise psychosociale des Évangiles*, Paris, Desclée De Brouwer, 2002.

MANGE, Daniel, *Informatique et Biologie. Une nouvelle épopée*, Lausanne, Favre, 2005.

OUAKNIN, Marc-Alain, *Lire aux éclats. Éloge de la caresse*, Paris, Seuil, 1994.

OUAKNIN, Marc-Alain, *Les mystères de l'Alphabet*, Paris, Assouline, 1997.

OUAKNIN, Marc-Alain, *Dieu et l'art de la pêche à la ligne*, Paris, Bayard, 2001.

QUÉRÉ, France, *Le sel et le vent*, Paris, Bayard, 1995.

SERINGE, Philippe, *Les symboles dans l'art, les religions et dans la vie de tous les jours*, Paris, Ed. Sum le Hameau, 2003.

SFAR, Joann, *Le Chat du Rabbin*, Albums en bande dessinée :
    *La Bar-Mitsva*, *Le Malka des lions*, *L'Exode*, *Le Paradis terrestre*,
    Paris, Dargaud, coll. Poisson Pilote.

SKOLMEN, Roar, *Bleu marine*, Paris, Seuil, 2001.

THEISSEN, Gerd et *al.*, *Le défi homilétique. L'exégèse au service de la
    prédication*, Genève, Labor et Fides, 1994.

THEISSEN, Gerd, *L'ombre du Galiléen. Récit historique*, Paris, Cerf,
    1988.

TRIGANO, Shmuel et *al.*, *La Bible et l'Autre*, Paris, In press, Les
    dialogues bibliques du Collège des Études juives de
    l'Alliance israélite universelle, 2002.

# Table des matières

Préface ................................................................. 5

Il était une fois ....................................................... 9

Avent .................................................................. 15

### Chapitre 1 : Dans le commencement

Quand Dieu a commencé la création ....................................... 21

Une toile humaine ...................................................... 22

Une chaîne humaine ..................................................... 22

L'ourdissage ........................................................... 24

Un tissage collectif ................................................... 25

### Chapitre 2 : Canons, créations et engendrements

Des voix pour un canon ................................................. 27

Des langues mortes pour une Parole de vie .............................. 42

### Chapitre 3 : Un chant du monde

Contes en canons ....................................................... 65

Cris et écrits ......................................................... 74

Entre Bible et contes .................................................. 81

Motifs et symboles pour des lectures plurielles ........................ 83

### Chapitre 4 : Résonances

Symboles et motifs pour des textes singuliers ........................... 101

Aux sources du conte biblique ................................................. 132

Des canons pour les contes ..................................................... 137

De la fille de Jephté à la jeune fille sans mains ......................... 145

### Chapitre 5 : Quand un berger devient roi

Quand le tailleur prend le large .............................................. 168

Un tailleur devient roi ............................................................. 178

Le berger et le tailleur ............................................................ 181

### Chapitre 6 : Tisser pour le Royaume

Tisser pour le Royaume .......................................................... 187


Un conte biblique en guise de conclusion et d'ouverture ........ 191

Mercis .................................................................................. 203

Quelques liens bibliographiques ............................................. 209